JN411013

하빠의 육아일기

5

하빠의 육아일기 5

초판 1쇄 인쇄일 2017년 11월 10일
초판 1쇄 발행일 2017년 11월 15일

지은이 신상채
펴낸이 양옥매
디자인 송다희
교정 조준경

펴낸곳 도서출판 책과나무
출판등록 제2012-000376
주소 서울특별시 마포구 방울내로 79 이노빌딩 302호
대표전화 02.372.1537 **팩스** 02.372.1538
이메일 booknamu2007@naver.com
홈페이지 www.booknamu.com
ISBN 979-11-5776-484-6(03800)

이 도서의 국립중앙도서관 출판시도서목록(CIP)은 서지정보유통지원 시스템
홈페이지(http://seoji.nl.go.kr)와 국가자료공동목록시스템
(http://www.nl.go.kr/kolisnet)에서 이용하실 수 있습니다.
(CIP제어번호 : CIP2017027426)

하빠의 육아일기

-다섯 번째-
이야기

신상채 산문집

책과나무

올챙이의 꿈

형아는 상어
아빠는 구름
엄마는 비
나는 올챙이

상어는 바다에 살아
구름은 하늘에서 살아
비는 구름 속에
올챙이는 물속에
꼬물꼬물하면서

아빠는 구름
엄마는 비야
비는 구름에 살지
비는 뚝뚝 내려

물속엔 내가 살아
꼬물꼬물
너는 개구리가 됐어?
아니, 올챙이!

– 이담 (2013.11.13 일생으로 만 세 살에서 넉 달쯤 모자란다)이 쓴 시로,
시의 제목은 이담 아기 시인의 외할애비가 붙였다.

그림 '한국화가 신무리뫼'–이담의 어머니

1년 내내 지지 않는 꽃,
언제 봐도 결코 물리지 않는 꽃,
예쁜 짓만 골라서 하는 꽃,
할아비 가슴을 마구 휘저어놓는 꽃,
생각만 해도 가슴이 뭉클해지는 꽃이다.
"겸이, 휘수, 유수, 담이……."

다섯 번째
책 머 리 에

진 리들로프(Jean Liedloff)가 쓴 '잃어버린 육아의 원형을 찾아서'라는 책에서는 인간 본성을 존중하는 육아법을 강조하고 있습니다. 아마존의 원시 부족 '예콰나 족(族)'의 육아법을 보면 그 깊고 깊은 지혜에 경외감을 품지 않을 수 없습니다. 그에 따르면 인간이 평생 사용하게 될 정신의 범위는 갓난아이 때 결정된다고 하지요.

예콰나 족은 아이에게, "거긴 안 돼, 위험해."라거나, "이건 지지, 만지면 안 돼."와 같은 제재를 하지 않는데, 신기하게도 아이들이 다치는 일이 거의 없다고 합니다. 아이를 대하는 태도가 문명사회와는 사뭇 다르지만, 이것이 결국 '인간 본성에 맞는 육아'가 아닌가 싶습니다.

즉, 아이를 불완전하고 미성숙한 존재로 보고 끊임없이 가르치고 제재하려는 육아 방식에서 벗어나 아이 그 자체를 온전한 존재로 보고 아이의 판단과 결정을 존중해주어야 한다는 가르침이 아닌가 싶습니다.

또, 인간의 가장 취약한 시기는 태어나서 만 3살 때까지라는 게 교육계의 공통된 견해입니다. 육아에 있어, 원숭이의 고사(古事)는 관찰 사례가 흔히 인용되곤 합니다. 새끼 원숭이 두 마리를 놓고 한 실험과 관련된 것입니다. 한 마리에게는 어미가 안아주고 쓰다듬어주는 등 온갖 정성을 다했고, 또 다른 원숭이 새끼에게는 무심하게 그저 때 되면 밥만 갖다 주었답니다. 몇 달 뒤에 확인을 해보니 한 마리는 무럭무럭 잘 자랐는데, 또 다른 녀석은 시름시름 앓다가 죽어버렸다고 합니다. 이쯤이면 그 행간(行間)을 헤아리지 못할 만큼 둔감한 사람은 없을 것입니다. 제가 손자들을 잘 돌보고자 하는 이유가 바로 여기에 있습니다.

백 살을 바라보는 노 철학자 김형석 교수가 다음과 같이 말한 적이 있는데, 아마도 지금의 저 같은 사람을 특별히 배려해서 한 말 같습니다.

"65세에서 75세까지는 삶의 황금기다. 이때가 되면 생각이 깊어지고 행복이 무엇인지 세상을 어떻게 살아야 하는지 알게 되는 나이이기 때문이다. 살아 보니 인생의 절정기는 철없던 청년기가 아니라 인생의 매운맛 쓴맛 다 보고 무엇이 참으로 소중한지 진정으로 음미할 수 있는 시기다."

손자들 덕분에 저는 지금 인생의 황금기를 누리고 있는지도 모르겠습니다.

초등학교 1학년 때 짝꿍이었던 첫사랑 소녀는 여덟 살 그때부터 무려 50년 동안이나 제 가슴에 똬리를 틀고 들어앉아 저를 외눈박이로 만들어 버렸습니다. 그런데 그렇게 영원할 것만 같던 그 소녀도 50년 뒤에 불쑥 찾아든 새 주인에게 흐물흐물 그 자리를 내주고 물러났지요. 지금 할아비는 열병처럼 가슴앓이하던 그런 사랑 따위가 감히 다가오지 못할 더 지독한 사랑 아니 그보다 훨씬 더 크고 높은 가치인 행복에 빠져들고 말았습니다.

"전생에 무슨 인연이 있었기에 너희들과 나는 지금 손자와 할아비로 만났느냐? 딸의 울음소리는 엄마의 귀에 저승까지 들린다는데 이 할아비의 귀에는 너희들의 웃음소리가 언제까지나 떠나지 않을 것만 같구나!"

병신년 저물녘에

황방산골 휘수네 하빠가

CONTENTS

2월

첫 출근 첫 퇴근

실로 6년 만에 찾아온 커다란 변화다. 오늘은 퇴직 이후 다시 구한 직장에 첫 출근하는 날이다. 전날 밤부터 긴장한 탓인지 새벽 1시쯤 깨어났는데 도저히 다시 잠을 청할 수가 없었다. 불면은 덩달아 내자에게까지 전염된 것인지 둘 다 꼬박 날을 지새우고 말았다.

사실 재취업 말이 나오자 나보다 더 반가워한 사람이 바로 내자였다. 아직 한창 활동할 나이인데 집에서만 빈둥대는 남편을 지켜보는 부인들의 심기가 그리 호의적이진 않다. 그러니 그걸 빗대는 갖가지 우스갯소리가 그렇게 많이 회자되는 것이다.

이른 새벽에 일어나 호남본부가 있는 광주로 달려가 인사를 나누는 것으로 첫날의 일과를 시작했다. 직장초년병으로 되돌아간 것이나 마찬가지다. 온갖 세상 풍파를 다 겪은 노장이지만 환경이 바뀐 탓에 일말의 긴장을 감출 수는 없다. 수십 년을 거슬러 올라가 자대에 처음 배치되던, 군대 졸병 시절처럼 사람도 사무실도 모든 게 너무 낯설고 어색하기만 하다.

이런 내 심기를 읽었는지 본부장은 친히 나를 안내해서 앞으로 내가 주로 일하게 될 전주까지 동행했다. 그리고 직원들을 일일이 소개해주었고 나를 위한 사무실 꾸리기 준비가 소홀하다며 책임자를 질책했다. 본부장이 이처럼 세심하게 배려하는 모습에 과분하게 대우받는다는 생각이 들었다.

사실 나는 결재선상에 있는 직책도 아니고 상사도 부하도 없는 자문역이어서 비교적 부담이 덜한 처지지만 그래도 직원들에게 눈치가 보이는 건 어쩔 수 없다. 그래서 그들에게 불필요한 혹이 되지 않고 이들이 힘겨워할 때는 나서서 거들어줄 수 있는 존재가 되는 것이 내 몫이라고 다짐해본다.

어느덧 퇴근 무렵이 되었다. 낯선 사람들과 낯선 풍경들만 잔뜩 대하고 나자 한바탕 태풍이 휘몰아치고 난 뒤처럼 황량함이 그 빈자리에 남았다. 오늘 누구를 만났더라? 낯선 곳에 처음 가면 그곳에 사는 사람들의 얼굴이 모두 비슷비슷하게 보이는 것처럼 기억에 뚜렷이 남는 이들은 몇 안 된다. 6년 넘게 단조롭게만 살다 너무 많은 변화를 단 하루 만에 치른 후유증이리라.

사무실 창 너머로 거리를 내다보자 하루를 짓누르던 피로가 한꺼번에 밀려든다. 저기 저만큼 큰길을 돌아가면 서편 동네에 귀여운 내 손녀들이 살고 있다. 지금쯤 유치원에서 돌아와 자매가 소꿉놀이하며 떠들고 있겠지?

"언니야, 이렇게 해야지, 저렇게 해야지……."

"응, 알았어."

할아비 머릿속에는 단란한 그 그림이 훤히 그려진다. 응석받이 동생과 동생의 말이라면 뭐든지 다 받아주는 착한 언니가 주고받는 정겨운 대화가 아름다운 노래로 들려온다. 아이들이 잘 자라서 서로 의지하는 모습을 볼 때의 행복감을 다시 상상해본다. 출근 첫날 퇴근 시간이 되자 할아비의 마음은 어느새 손녀들에게로 달려가고 있다.

할빠 집에서 주-욱 잘 거야

6년도 넘게 자유인으로 지내던 내가 아침마다 일찍 일어나 출근하는 회사원이 되었다. 옮겨 심은 나무가 심한 몸살을 앓듯 직장생활 불과 닷새 만에 몸도 마음도 심한 적응통을 겪고 있다. 나무도 어린 나무일 때 심으면 쉬이 뿌리를 내리는데 고목을 옮겨 놓으면 몸살을 심하게 앓아서 살리기가 힘이 드는 것과 똑같은 이치인가 보다.

무엇보다도 젊은 사원들이 애쓰는 모습을 지켜보노라면 상대적으로 편한 내 처지가 대조적이어서 마음이 그리 편치 못하다. 새벽같이 출근해서 밤늦게까지 성과주의에 내몰린 직장인들의 짠한 실상을 본다. 직장을 구하지 못한 사람들에 비하면 이들의 처지가 훨씬 나은 편이라고 하지만, 내 자식들도 저들처럼 저렇게 고생할 걸 생각하면 마음이 이내 어두워진다. 마침 내일부터는 닷새 동안의 긴 설 연휴가 기다리고 있다. 긴 연휴 동안 나를 추슬러야겠다.

오늘은 내가 기다리고 기다리는 금요일이다. 퇴근길에 지체 없이 귀여운 손녀들이 있는 유치원으로 달려갔다. 내가 직장에 나간 뒤로 아이들은 하빠 집에 올 기회가 줄어들었기 때문에 조손간의 그리움이 그만큼 더 커졌다. 멀리서 할아비를 보자마자 작은 녀석은 한달음에 품에 안기며 혀 꼬부라진 소리를 내지른다.

"우리 하빠가 왔다! 오늘부터 주-욱 하빠 집에서 잘 거야!"

이 벅찬 기쁨을 언니와 같이하고 싶은 아이는 이내 제 언니가 있는 건물로 달려갔다. 마침 거기에는 하원하는 아이들을 데리러온 학부모들 여럿이 기다리고 있었다. 작은아이는 키 큰 어른들 틈을 비집고 들어가더니 유치원 교사들마다 붙잡고 애원하다시피 했다.

"선생님, 우리 언니 좀 불러주세요. 희망반 신휘수예요!"

아이들은 오늘처럼 할아비 손을 잡고 걸어서 집으로 돌아오는 걸 참 좋아한다. 언니는 신이 나서 앞서 뛰어가는데 그 걸음을 따라가지 못하는 동생은 할아비더러 업어달라고 조른다. 다섯 살이 된 아이가 제법 묵직해져서 이제는 업어주기에도 벅찰 지경이다.

돌아오는 길에 큰 녀석은 유치원 졸업식 이야기를 꺼냈다.

"하빠, 졸업식 때 제가 대표로 상을 받아요. 그리고 놀라지 마세요? 또 다른 상 하나를 더 받아요."

"하빠한테만 말해주면 안 될까?"

"아니에요. 그건 비밀이거든요. 선생님이 말하면 안 된다고 했어요."

어린이집에 처음 보낼 때 아침마다 가기 싫다고 울며 보채는 등 그렇게도 식구들 애를 태우던 아이가 어느덧 이렇게 잘 자랐다. 생일이

늦어 다른 애들보다 몸집도 작고 마음이 여려서 걱정을 많이 했는데 온갖 어려움을 잘 이겨내고 모범생으로 칭찬이 자자한 아이가 되었다. 다음 달이면 초등학생이 된다. 아이는 이제껏 할아비의 기대를 저버린 적이 없었다. 틀림없이 잘 성장하리라 굳게굳게 믿는다.

2016. 2. 5

하빠의 설날

세월의 체감속도는 나이 들수록 더욱 가속도가 붙는다더니 참 무섭게도 빠르게 스쳐간다. 또다시 맞이하는 설날 아침이다. 이날이 되면 손자들이 부쩍부쩍 커가는 걸 바라보며 덩달아 늙어버린 나를 실감한다. 아직도 내 마음의 나이는 어린 시절을 벗어나지 못한 탓일까? 안 어울리는 옷을 입은 것처럼 할아비라는 호칭이 어색하기만 하다.

추억의 절반은 사진이라는 말이 생각난다. 아무리 보고 또 봐도 결코 물리지 않는 아이들의 사진을 꺼내놓고 세월을 거슬러 더듬어본다. 틈틈이 꺼내보는 사진 속에서 아이들의 또 다른 모습들이 하나 둘씩 보태진다. 태어나던 날부터 지금까지 단 한 장면도 사랑스럽지 않은 모습이란 찾아볼 수 없다. 녀석들은 나를, 미운 건 보지 못하는 눈먼 할아비로 만들어버렸다.

할아비에게 새 생명의 경이로움을 일깨워준 겸이와 휘수는 한 달 뒤면 초등학생이 된다. 애교덩어리 유수는 다섯 살이고, 달포 전에 보았을 때보다 부쩍 말이 늘어난 담이는 네 살이다. 그래도 할아비에게 세배하겠다고 찾아주는 녀석들이 있어 결코 외롭지 않은 설날이다.

언제까지 이런 행복을 누릴 수 있을까? 세상에서 가장 애틋한 인연으로 다가온 손자들은 더없이 귀한 축복이다. 아무리 험한 시련이 닥쳐와도 나와 이 아이들을 갈라놓을 수는 없을 게다. 세배한다고 엎드린 저 사랑스러운 모습을 할아비 눈 속에 가슴 속에 꼭꼭 담아두어야겠다.

2016. 2. 7

기다리고 기다렸더니 이런 날도 찾아오네!

주말을 맞아 딸네 식구들이 찾아왔다. 사실 우리 집에서 누구보다도 이들을 가장 반기는 건 손녀들이다. 아이들은 단 하루도 제 사촌들 이야기를 안 꺼내는 날이 없을 만큼 정이 깊다. 아이들이란 원래 기억력이 좋지만 특히 저희들이 보고 싶어 하는 사람들과 연관된 일이라면 더욱더 각별하다.

처음부터 그런 건 아니었지만 겸이와 휘수는 그 정이 유난스러울 정도로 더 하다. 이 아이들이 서너 살 때에는 만날 때마다 어찌나 다투는지 지켜보는 식구들이 민망할 지경이었다. 잘 놀다가도 장난감 같은 걸 서로 차지하려다 주로 겸이가 휘수를 울리는 게 보통이었다. 그래서 어른들은 아이들이 서로 싸울 기미가 보이면 얼른 달려들어 뜯어말려야 했다. 그래서 한때는 아이들의 부모인 아들과 딸 사이가 서먹해지기도 했다.

제 사촌들을 만난 기쁨에 겨웠는지 휘수의 입에서 이런 말이 불쑥 튀어나왔다.

“기다리고 기다렸더니 이런 날도 찾아오네!”

평소에 얼마나 보고 싶었으면 이럴까? 어쩌면 이렇게 아름답고 멋진 말로 제 마음을 그려낼까!

어쨌든 커가면서 언제부터인지 이들 사이의 정이 유별나게 도타워지기 시작했다. 매일 만나도 질리지 않는지 늘 서로를 찾았다. 더구나 딸네가 이사를 한 뒤로 그리워하는 마음이 더 깊어졌다. 사촌끼리는 그럴 수 없다는 말을 들은 뒤부터는 그런 생각을 접었지만, 여섯 살 무렵에는 서로 결혼하고 싶다고까지 한 적도 있었다.

또 한 살 터울인 유수와 담이 사이도 각별했다. 유수는 평소에 늘 막내 취급을 받아서 어리광이 심한데 담이가 오면 갑자기 어른스러운 모습으로 돌변한다. 유수는 담이를 얼마나 잘 데리고 노는 지 온갖 뜻을 다 받아준다. 제 언니를 닮아서일까? 그래서 담이도 누구보다 작은 누나를 잘 따른다.

네 아이들이 노는 모습을 보면 얼마나 정겹고 신기한지 모르겠다. 큰아이들은 동갑이라 저희들끼리만 같이 놀고 유수는 담이를 제가 데리고 놀아야 하는 것으로 여기고 자연스레 끼리끼리 어울린다.

딸네 네 식구와 내자 그리고 두 손녀들은 1박2일 동안 부안의 콘도에서 지내고 돌아왔다. 틈만 나면 물놀이 타령을 하던 두 손녀들에게는 더없이 즐거운 시간이었을 게다. 더구나 겸이와 휘수는 사촌들과 함께 지낸 유치원생활의 마지막 여행이어서 더욱 그랬을 것이다.

콘도에서의 뒷얘기를 들으며 아이들이 놀던 모습을 상상해본다. 아이들은 아침부터 저녁 무렵까지 수영장 밖으로 나오지 않고 물놀이에 푹 빠졌었단다. 특히 유수는 물 미끄럼틀 타는 재미에 맛을 들여 수십 번을 탔다고 한다. 어른들도 무서워하는 미끄럼틀을 조금도 겁내지 않고 신나게 탔단다. 심지어는 제 앞 차례에 있는 아이가 겁을 내며 빨리 내려가지 않자 은근슬쩍 그 아이의 엉덩이를 밀치기까지 하는 모습에 할미가 배꼽을 쥐었다는 대목에서는 터져 나오는 웃음을 참을 수가 없었다. 얼마나 귀엽고 사랑스러운가.

2016. 2. 13

나중에 후회하실 걸요?

요즘에 아들네는 더 큰 아파트로 이사할 준비를 하느라 몹시 분주하다. 그동안 아들네는 2년 넘게 비좁은 소형 아파트에서 온갖 불편을 감수하며 살았었다. 그러면서도 단 한 번도 아비에게 손 벌리지 않았고 힘들다는 내색도 하지 않고 잘 참아냈다. 그걸 바라보는 우리 부부는 미안하고 짠해서 늘 마음에 큰 짐을 얹고 살았었다.

무엇보다도 내 손녀들이 작은 아파트에 사는 아이라고 기죽으며 살아갈 걸 생각하니 더 마음이 무거웠다. 어떻게든 큰아이가 초등학교에 들어가기 전에는 좀 더 큰 집으로 옮겨주려고 별러왔다. 내가 사는 집을 줄여서라도 꼭 그렇게 해주고 싶었다.

아직은 마음먹은 대로 사는 집을 처분하지는 못했지만 우선 급한 대로 은행 대출을 받아서 그 비용을 마련했다. 아들은 수리비용을 아끼느라 기술자에게 맡기지 않고 직장에서 퇴근하면 곧장 새집으로 달려가서 손수 집안을 손질했다.

그 바람에 아이들은 거의 우리 집에서 지낸다. 아들 부부는 더 좋은 집으로 옮길 꿈에 부풀어 신이 나 있지만 아이들은 그런 것 따위에는 아예 관심을 보이지도 않고 오로지 하빠 집에서 지내게 된 것만이 즐거운 모양이다.

아이들은 오늘도 하원 하자마자 집안에 들어서기 무섭게 하빠부터 찾는다. 누가 줬는지 작은아이의 손에는 과자봉지가 들려 있다. 아이는 과자 하나를 꺼내더니 할아비에게 권한다.

"하빠, 하빠 주려고 안 먹고 가져왔어요. 드셔 보세요?"

다섯 살배기 손녀의 효심에 그만 감동하지 않고는 못 배기겠다.

"하빠는 크림이 든 건 싫어하니까 너나 먹어라."

그래도 아이는 자꾸 권하더니 엉뚱한 말로 할아비를 놀라게 했다.

"안 드시면 나중에 후회하실 걸요?"

겨우 다섯 살밖에 안 된 녀석이 맛있는 과자를 보고도 먹지 않고 오로지 할아비만을 떠올리다니 그만 가슴이 뭉클해지고 말았다. 도대체 이 아이의 머릿속에는 얼마나 더 크고 멋진 생각들이 숨어 있을까? 얼마나 더 할아비를 놀라게 하려고 이러는가? 때로는 놀랍고 때론 소름까지 돋는다. 아이들을 보고 있노라면 마치 무언가에 홀린 것만 같은 착각에 빠져들곤 한다.

2016. 2. 16

하빠, 어디 갔었어?

휘수는 어제 유치원을 졸업했다. 졸업생을 대표해서 졸업장도 받았다. 이건 유치원에서 가장 모범적인 아이가 받는 최고의 영예라고 했다. 또 참을성이 많아서 인내상도 받았다고 상장을 내놓았다. 내 손자가 참으로 장하다. 제 어미가 직장에 나가기 시작한 생후 23개월쯤 처음 어린이집에 들어가서 4년 반을 다닌 셈이다. 처음 한동안은 유치원 가기를 그렇게 싫어하며 식구들의 애를 태웠던 아이다. 매일 아침 울며 보채던 아이가 어느덧 이렇게 잘 자라 모범생으로 유치원을 마치다니 돌아보면 꼭 꿈만 같은 일이다.

유수도 이제 어린이집을 마치고 유치원 다섯 살 반으로 올라간다. 창의성이 뛰어난 아이라고 상도 받아왔다. 아이는 말도 잘하고 다른 친구들을 잘 돕는 걸로 소문이 자자하다. 또 제 언니를 닮아 '부담임

(副擔任)'이라는 별명을 들을 만큼 영리한 아이다. 집에만 돌아오면 한없이 어리광을 피우지만 밖에 나가면 모든 사람들에게 귀여움을 받는 착하고 모범적인 아이들이다.

오늘부터 한 주일 동안 유치원은 방학기간이다. 물론 아이들은 할아비 집에서 조부모와 하루 종일 같이 지내야 한다. 요즘 들어 부쩍 건강이 좋지 못한 할미는 요놈들과 씨름해야 할 일로 벌써부터 걱정이 태산이다. 더구나 이달 초부터 할아비가 직장에 나가는 바람에 내가 퇴근할 때까지는 아이들이 온통 할미 차지가 되어야 하니까 더욱 그렇다.

출근해서도 할아비 머릿속은 두 손녀들 생각으로 그득했다. 장난감을 잔뜩 어질러놓고 말썽을 피우거나 밥을 잘 안 먹는다고 할미에게 꾸중을 듣고 있지나 않은지……. 가끔씩 창밖 너머 우리 집 쪽을 바라보며 녀석들을 그려보았다.

기다리고 기다리다 이슥고 집으로 돌아오니 두 아이들이 반가움과 함께 원망어린 눈으로 할아비 품에 달려든다. 할미 말을 들으니 작은 녀석이 자꾸 할아비의 행방을 묻더란다. 얼마나 할아비가 보고 싶었는지 아이의 말에서 진한 그리움이 묻어난다.

"하빠, 어디 갔었어?"

"응, 회사에 갔었지."

"왜 회사에 갔는데?"

"돈 벌러 갔지."

"돈 벌어서 뭐하게?"

"응, 우리 휘수랑 유수한테 맛있는 것 사 주려고."

아이의 얼굴에는 진한 아쉬움이 씌어 있다. 하빠는 아이의 이런 마음을 훤히 읽고도 남는다.

'난 맛있는 것 필요 없어. 그냥 하빠만 같이 있어주면 된단 말이야.'

2016. 2. 24

프라스
파리

3월

· 1학년 2반 18번 신휘수
· 힘든 하루가 될 것 같아요
· 가방이 점퍼를 입어버렸어
· 유수 담임선생님께 보낸 편지
· 녹색할머니
· 바람이 심상치 않은데요
· 수선화 네 송이가 핀 날

1학년 2반 18번 신휘수

오늘은 우리 큰손녀가 초등학생이 된 날이다. 이 뜻깊은 날을 축하해주려고 아이의 부모들은 둘 다 직장에서 반가(半暇)까지 내서 입학식에 참석했다. 요즘 세상에 이 정도로는 극성스러운 축에 든다고 할 수도 없을 게다. 모르긴 해도 아마 다른 집도 식구들이 총출동했을 것이다. 취업하지만 않았다면 아이의 부모 대신 내가 직접 데리고 갔겠지만 난 입학식에 참석하지 못했다.

매일 보는 얼굴인데 오늘따라 초등학생이 된 손녀가 더욱 보고 싶어 퇴근을 재촉했다. 학교에서 돌아온 아이를 보니 전에는 없던 이름표를 달고 있는 게 낯설고 기특하다.

'1학년 2반 18번 신휘수.'

58년 전 초등학교에 입학하던 날을 더듬어보았지만 까마득한 추억이 가물가물하기만 하다. 그때 '통신표'에 적힌 내 키는 분명코 손녀보다 훨씬 작았었다.

생일이 늦은 편이라 또래들보다 키가 작을 줄 알았는데 우리 아이가 중간쯤은 된다니 조금은 위안이 된다.

한결 의젓해진 저 어린 것에게도 이제부터 본격적인 고생이 시작되는 것 같아 안쓰럽다. 부질없는 걱정이 아이 키우는 데 전혀 도움이 안 되겠지만 꼬리를 무는 노파심을 지울 수가 없다. 학교 오가는 길이며 학교생활이며 과중한 사교육 등등 생각할수록 마음을 무겁게 짓누른다.

가족들이 머리를 맞대고 앞으로 다가올 일들을 그려본다. 등하교시키는 방법과 돌봄 교실 또 피아노학원과 발레학원 등 아이 부모들이 교육계획을 늘어놓는다. 아이를 잘 키우고 싶어 하는 부모들의 생각도 나무라기만 할 수는 없지만 솔직히 나는 이런 사교육 방식에 불만이 많다. 생기발랄하게 뛰어놀기에도 부족할 어린 것들을 혹사시키는 이런 교육방식은 정말 싫다. 어쨌든 앞으로는 아이들을 위해 가족 모두가 총력을 기울이고 지혜를 모아야 하겠다.

저녁 무렵이 되자 문득 작은 녀석에게 생각이 멈춘다. 아침부터 온종일 큰아이에게만 신경을 쏟은 것 같아 작은아이에게 미안한 마음이 들었다. 운동을 마치고 돌아오는 길에 유치원에 들러 아이를 데려왔다.

아이는 할아비와 손잡고 걷는 것만으로도 기분이 들떠 있다.

"유수야, 너 무슨 반이고 선생님은 누구야?"

"희망반이고 김다혜 선생님이에요."

"아니, 그건 언니가 일곱 살 때야. 다시 말해 봐?"

"맞아, 나 희망반 맞아요."

아이가 확신에 차서 말하기에 더 입씨름할 수가 없지만, 할아비 기억으로는 분명히 작년에 제 언니가 희망반이었고 그때의 담임선생님 이름이었다.

집에 돌아와 가방의 일기장을 뒤져보니 아이가 잘못 알고 있었다. 아이는 소망반이고 담임은 이영아 선생님이다.

2016. 3. 2

힘든 하루가 될 것 같아요

오늘 아이들의 어미가 새벽에 출근한다기에 어제저녁 아이들을 우리 집으로 데려와서 재웠다. 큰 녀석이 초등학교에 입학한 뒤로는 아이들 챙기는 일이 훨씬 더 복잡해져서 너무 힘이 든다. 아침 여덟 시가 다 되었는데도 학교와 유치원에 가야 할 놈들이 잠자리에서 미적거리며 일어나지 않으려고 버틴다. 깨워 일으켜 세워놓아도 곧장 도로 누워버린다. 하기야 어른도 아침이면 일어나기 싫은데 어린 것들이 오죽할까?

요새는 할아비도 출근을 하는 바람에 혼자서 두 녀석들을 챙겨 학교와 유치원에 보내려면 할미가 훨씬 힘이 들 것이다. 더구나 휘수가 학교에 입학한 뒤로는 각기 다른 두 곳으로 등교와 등원을 시키자니 아침이 전쟁 아닌 전쟁이었다. 또 아직 학교생활에 익숙하지 못한 아이는 방과 후 교실과 돌봄 교실을 여러 차례 옮겨 다니는데 매번 교실을 찾지 못해 헤매기 일쑤다.

또 어린 것들의 동선(動線)을 고려하지 않고 지은 건물 탓에 1층에서 4층을 수시로 오르락내리락하다 보니 아이들이 금방 지치고 만다. 그래서 교실을 잘못 찾아 답답하면 아이는 수시로 제가 차고 있는 '키즈폰'으로 만만한 할미를 불러댄다. 그러니 할미는 늘 대기상태로 있다 손녀의 전화를 받으면 곧장 학교로 달려간다. 때로는 직접 데리고 교실로 안내하거나 먼발치에서 아이의 동태를 살펴본다. 언제까지 이렇게 할 수는 없겠지만 아이가 완전히 익숙해질 때까지는 이렇게라도 돌봐줄 수밖에 없겠다.

할미는 먼저 큰아이를 달래 세수를 시키고 밥을 먹여 학교에 데려다준다. 큰아이는 오늘도 방과 후 학습과 돌봄 교실 그리고 피아노학원과 발레학원에 가야 한다. 아이의 일과표를 볼 때마다 저 어린 것에게 이렇게까지 힘든 생활을 강요해야 하는 현실이 답답하고 미안하다.

아이 부모들에게 이건 너무 무리한 짓이 아니냐고 원망했더니 그들의 생각은 좀 다른 모양이다. 적어도 악기 하나는 다룰 줄 알아야 하고 허리 교정을 위해 발레를 배우는 거란다. 다른 집 아이들은 이보다 훨씬 더 많은 곳을 전전한다며 우리 아이들은 그들의 반에도 못 미친다는 대답이 날아왔다. 아이들 부모가 그렇게 말하니 나도 더 할 말이 없었다.

또 초등학교 1학년 아이의 가방이 이렇게 무거워야만 하는지 도저히 이해할 수가 없다. 어른이 들어도 묵직한데 어린 것들의 허리가 휘겠다는 생각이 들어 화가 치밀어 오른다.

학교 가는 길에 나서는 아이가 긴 한숨과 함께 토해내는 말이 할아비 가슴을 아프게 때렸다.

"오늘도 힘든 하루가 될 것 같아요."

2016. 3. 9

가방이 점퍼를 입어버렸어

아이들은 매일같이 하빠 집으로 가자고 졸라대지만 그때마다 부모들은 늘 그걸 제지하곤 한다. 이제 아이들은 아무리 떼를 써도 그게 잘 통하지 않는다는 걸 안다. 그래서 일주일을 기다려 금요일이 되어야만 하빠 집으로 갈 수 있다는 것도 잘 안다. 덩달아 다섯 살 작은 녀석까지도 요일 개념이 명확해졌다.

오늘은 아이들이 기다리고 기다리는 금요일이다. 이날 오후가 되면 아이들은 아파트로 가지 않고 마음 놓고 하빠 집에서 놀고 잠도 잘 수 있으니까. 유수는 집안에 들어서기 무섭게 예의 입던 옷을 벗으려고 한다. 그런데 너무 급히 서두르다 보니 가방과 점퍼가 한꺼번에 벗겨졌다. 그 바람에 벗겨진 점퍼와 가방이 한데 얽히고 말았다. 그러자 이걸 본 아이는 입이 근질근질해져서 기어이 한 마디를 내뱉고 만다.

"가방이 점퍼를 입어버렸어!"

그 모양을 이보다 더 적확하게 나타낼 수는 없을 것이다. 이제껏 세상을 살다간 사람들 중에 이토록 멋진 표현을 한 사람이 또 있었던가? 보석보다 더 빛나는 아이의 어록을 단 하나도 놓치고 싶지 않다.

2016. 3. 11

유수 담임선생님께 보낸 편지

유치원을 다녀온 작은아이가 반창고를 더덕더덕 붙인 채 완전히 딴판의 얼굴로 나타나 할아비를 놀라게 한다. 아이가 평소에도 워낙 반창고나 밴드 따위를 붙이기 좋아하는 편이라서 그저 자주 하는 버릇이 아닌가 생각도 해보았다. 그런데 자세히 들여다보니 이건 보통 심각한 일이 아니었다.

유치원에 아이를 데리러 갔던 할미 말을 들으니 같은 반 남자아이 하나가 손톱으로 긁어서 그리된 것이라고 한다. 반창고 속으로 비치는 걸 보니 제법 피를 많이 흘린 것 같았다. 상처는 너덧 군데나 되었다. 손톱에 긁히면 흉터가 남는다는데 남아도 아닌 여아 얼굴에 흉이 지게 생겼으니 여간 화가 나는 게 아니었다.

어린아이들 사이에서 순식간에 생긴 일이기는 하지만 화가 치밀어

분을 삭이기가 쉽지 않다. 가해 아이나 담임교사 그리고 아이 부모들이 야속하기는 하지만 이제 와서 새삼스레 누구를 탓하랴!

집안에 비상이 걸렸다. 저녁 무렵 아이의 부모들도 돌아오고 얼른 병원으로 데려갔다. 역시 예상대로 흉터가 남는다는 말을 들었다. 요새는 의술이 좋아져서 흉터를 없애는 수술을 하면 된다지만 앞으로 아이의 얼굴을 바라볼 때마다 속이 상하게 생겼다. 간단하더라도 또 한 차례 수술을 해야 한다.

아이의 어미가 담임교사에게 전화를 해서 자초지종을 상의하는 과정에서 뒤늦게 유치원 측이 문제의 심각성을 인식하고 사죄를 구하는 모양이다. 원장은 교사를 심하게 꾸짖었고 교사는 눈물을 쏟았다고도 했다.

교사는 원장에게 야단맞으면서도 평소에 할아버지가 유수를 끔찍이 아낀다는 걸 우선 생각했었나 보다. 교사는 다급한 나머지 얼른 할아버지에게 잘 말해달라는 부탁을 잊지 않더라는 이야기도 들렸다. 원장에게는 한없이 약한 을(乙)의 처지인 그 교사가 안쓰러워 손녀보다는 교사가 더 걱정이 되었다. 원장을 만나 교사를 문책하지 말아 달라는 건의를 하기로 가족 모두 의견을 모았다.

내 손자가 다친 것도 속이 상해 죽겠는데 이 일로 엉뚱하게 교사에게만 화살이 돌려진 것 같아 더 마음이 편치 못했다. 안 되겠다. 내가 나서서 이 문제를 수습하는 수밖에. 그래서 유치원 원장을 찾아가 교사에 대해 선처를 당부하고 나니 마음의 부담이 조금은 가벼워졌다. 그리고 이에 더해 교사가 안심하도록 격려 편지를 보냈다.

유수 담임선생님께

이 편지를 받으시고 의아해하실지도 모르겠습니다만
조금도 오해는 하지 말아주세요.

물론 저도, 얼굴을 다친 아이를 바라보는 속이 그리 편할 리 없는 지극히 평범한 할아비일 뿐입니다만 이제 와서 돌이킬 수 없는 일로 서로 마음 상하게 하는 일은 없어야겠기에 이 편지를 꼭 전하려고 합니다.

아이들이란 자라면서 도처에 도사린 위험에 너무도 가까이 노출돼 있지요. 아이를 잘 살피고 돌보아야 하는 건 어른들 몫인데 그 정성이 조금만 소홀해도 몸피에는 상처를 입히고 마음도 아프게 하고 말겠지요.

가해한 아이나 주변 누구도 탓할 마음은 없지만 조금만 그 연원을 거슬러 생각해보면 평소에 그 아이에 대한 주위의 사랑이 부족하지 않았을까 하고 아쉬움을 가져봅니다.

그리고 무엇보다 제가 전하려 한 이유는 선생님께서 너무 마음 아파하실까 봐 작은 위로라도 드리고 싶어서입니다. 선생님에 대한 원념(怨念)은 조금도 갖지 않겠습니다.

저는, 그렇잖아도 감당하기에 벅찬 업무와 합당한 처우를 못 받는 보육교사들의 고충을 잘 이해하고 있는 사람입니다. 원장님을 방문해서 이런 제 마음을 전하고 이해를 구하려고 합니다.

그리고 제가 손자들을 바라보면서 느낀 소회를 담은 책 '하빠의 육아일기'를 보내드리니 틈날 때 읽어보십시오. 아이들 돌보시는 데에 작은 도움이라도 되실지 모르겠습니다.

세상에서 가장 소중한 인연인 손자들이 곧고 고운 마음으로 세상을 밝게 살아가기를 바라는 간절한 할아비의 바람을 담은 글이지요. 잠시 굳었던 마음을 푸시고 아이들을 더 사랑해주십시오.

부디 건안하고 행복하시기를 기원합니다.

유수 할아비 신상채 드림

사랑하고 또 사랑하는 내 손자 유수야!
부디부디 몸도 마음도 상처받지 말고 잘 살아가기를 빌고 또 빈다.

2016. 3. 14

녹색할머니

종일 아이를 돌봐주는 유치원과 달리 학교는 낮 12에서 1시쯤이면 수업이 끝난다. 그 이후 돌봄 교실과 방과 후 프로그램이나 학원을 뱅뱅 돌아다녀야 하니 어른도 아이도 늘 불안하고 힘들다. 그래서 아이가 초등학교에 들어가면 아이 돌보느라 직장을 떠나야 하는 엄마들이 늘어난다고 한다. 이 시기가 되면 사설학원 여러 곳의 사교육비와 아이의 안전이 걱정돼 부모들은 공황상태에 빠져든다고도 한다.

이 나라 곳곳에서 '직장맘'들의 슬픈 이야기가 들려온다. 돌봄 교실이 문을 닫거나 방학 때면 아이 혼자서 우는 걸 두고 직장에 나가는 발길이 차마 떨어지지 않는다고 한다. 그나마 돌봄 교실이나 방과 후 교육 프로그램이 모든 아이들에게 다 혜택이 돌아가는 게 아니라니 더욱 문제다.

자칫 정보에 어두운 엄마들은 이런 기회마저 놓쳐버려 애를 태운다고 하니 이 나라 공교육의 실상이 얼마나 허술한지 한심하기 짝이 없다. 극단적으로 말해 방과 후 몇 시간을 집에도 돌아가지 못하고 방황하는 아이들이 많은 것이다.

우리 집 사정도 남들과 별로 다를 바 없다. 누가 시키지도 않은 일이지만 할미는 아침 일찍 아들네 집으로 출근하는 것이 일과가 되었다. 어미가 출근길에 큰아이를 학교에 데려다주고, 할미는 작은아이를 유치원에 데려다주는 것으로 자연스레 업무분담이 이루어졌다.

아침부터 아이들 돌보느라 지친 할미는 만성 피로가 풀리지 않아서 너무 힘들다고 푸념한다. 그래도 할미의 머릿속은 하루 종일 손녀들 생각이 떠나지 않는단다.

"지금쯤 아이가 무슨 공부를 할까? 시간마다 바뀌는 교실은 잘 찾아다니고 있을까? 학교 밖으로 나가야 하는 피아노 학원을 제대로 찾아다니는가? 무용학원은 차를 타고 가야 하는데 찻길은 안전한가? 이가 빠져서 잘 씹지 못해 평소에도 밥을 늦게 먹는 아이가 식사 때마다 눈치꾸러기가 되지나 않는지……." 할미의 걱정은 끝도 없이 이어진다.

하루가 멀다하고 뉴스에서는 아동학대나 어린이 사고 소식을 전하는 세상이 되어버렸다. 아이의 안전이 걱정돼 아이 손목에 소위 '키즈폰'이라는 걸 채워주었다. 아이가 안심 지역을 벗어나면 키즈폰에서 문자가 울리는데 이때는 어른들의 가슴이 철렁 내려앉는다. 가끔 아이가 잘못 누르기라도 할 때도 식구들 모두 비상사태에 돌입하곤 한다. 그러니 휴일 말고는 늘 가슴을 졸여야 한다. 때로는 어른들이 궁금해서 틈틈이 위치를 확인해보기도 한다. 이런 지경이니 직장맘들은, "유치원 때가 천국이었다."는 말도 서슴지 않는다.

또 엄마가 아닌 사람이 대신해줄 수 없는 일도 있다. 녹색어머니회, 어머니총회, 학부모회 등이다. 이런 모임이나 행사에 참여하지 못하면 엄마들 사이에서도 따돌림을 받고 그 후유증이 아이의 학교생활에까지 영향을 끼친다니 아이 하나 키우는 데에도 왜 이리 까다롭고 힘이 드는지 모르겠다. 직장맘들은 직장에서 눈치 보는 것에 더해 학부모들로부터도 따돌림을 받는 이중삼중의 고통에 시달리는 처지다.

며느리는 이런 모임들까지 꼼꼼히 파악해두긴 했지만 어쩔 수 없이 참석할 수 없을 때도 생길 것이다. 이런 이야기를 들은 할미는 안타까운 나머지 며느리 대신 자신이 학교 앞에서 깃발 들고 교통안전 지도를 하겠다는 결심을 내비치기도 했다.

정치권은 입으로만 출산장려를 내세울 게 아니라 정책을 뒷받침할 만한 구체적인 대안을 제시해야 할 것이다. 정부와 기업 그리고 사회가 같이 고민하고 참여하는 획기적인 육아 지원대책을 하루속히 마련해야 한다.

잘은 모르지만 이른바 유연근무 방식을 도입한다면 직장맘들의 애로를 줄이는 데에 상당부분 기여하리라고 본다. 예컨대 재택근무나 거점근무 시차출퇴근근무와 재량근무 등은 사회 일각에서 시행한 결과 그 성과를 입증한 바 있다는 이야기도 들린다.

직장맘들의 가장 큰 고민은 일과 가정의 양립이다. 정해진 근무 시간이라는 틀에 박혀 직장일과 가정주부의 역할에 충실하기가 버거울 수밖에 없다. 그래서 결혼을 기피하거나 결혼해도 출산을 꺼리고 결혼 후에 경력이 단절되는 여성이 급증한다.

이는 곧 저출산으로 이어져 장기적으로 국력의 쇠퇴를 가져온다는 게 정설이다. 최근에 일본의 어느 기업에서는 파격적으로 재택근무 실험을 함으로써 세계적으로 큰 관심을 모으고 있다. 사실 일본보다 더 심각한 저출산 문제를 안고 있는 우리나라에서 진지하게 이 같은 제도를 도입할 필요가 있다고 본다.

나는 가끔 이런 생각을 해본다. 다음 대통령 선거에서 내가 찍을 후보자는 비정상적인 우리나라의 교육문제를 획기적으로 해결할 사람이다. 사교육을 없애고 공교육이 살아있는 나라에서 내 손자들을 키우고 싶다.

2016. 3. 21

바람이 심상치 않은데요

춘래불사춘(春來不似春).

이맘때면 흔히 회자되는 말이기는 하지만 요즘처럼 요동치는 세상사에 딱 들어맞는 표현인지도 모른다.

"우리는 싸우고 싶다. 명령만 내리시라!"

북에서는 이런 섬뜩한 노래까지 틀어대며 연일 호전적 무력시위를 자행하는 판국에 국가안보를 걱정하는 정치인은 눈을 씻고 봐도 찾을 수 없고 오로지 선거판에서 이전투구하기에만 급급하다.

모름지기 선거란 민주주의의 꽃이고 축제의 장이 되어야 하는데 정치판에서 벌어지는 막장드라마는 점입가경을 치닫고 있다. 이번 선거판은 향내 나는 싱싱한 꽃이 아니라 봄비 맞은 낙화처럼 처치 곤란한 쓰레기일 뿐이다. 여야 가릴 것 없이 극도의 편 가르기는 끝내 공천학살이라는 괴물을 낳고 말았다. 감동이 실종된 이상한 민주주의를 바라보는 백성들은 한숨만 내쉰다.

최선이 아니면 차선이라는 말로 위안을 삼기도 하는데 이번 선거에서는 차선은커녕 차악이라도 선택하라고 강요하는 것 같다. 이에 날씨마저 봄답지 않게 쌀쌀하니 사람들의 마음까지 얼어붙어서 이런 유행어가 자주 등장하는가 보다. 변덕이 심한 봄바람은 이 나라 정치인들 심보와 별반 다르지 않다.

그러거나 말거나 우리 집의 주말 아침 풍경이다. 일찍부터 하빠 집을 찾아온 손녀들과 한바탕 씨름판이 벌어진다. 거실에서 할미와 작은 손녀가 주고받는 입씨름을 듣자니 너무도 기가 막혀 할 말을 잃어버렸다.

할미는 쌀쌀한 바람이 들어오자 환기를 시키려고 열어두었던 거실의 창문을 닫아달라고 아이에게 시켰던 모양이다.

"유수야, 저기 저 창문 좀 닫아줄래?"

이 말을 들은 아이가 창가로 다가가더니 멋진 어록을 쏘았다.

"바람이 심상치 않은데요."

"아니, 너 뭐라고 했니?"

"바람이 심상치 않다고요."

할미는 혹시 잘못 들었나 싶어 재차 물어봤지만 분명히 '심상치 않다'는 대답이 되돌아왔다.

다섯 살 아이의 말이라고는 도무지 믿기지 않아서 할아비가 다시 물었다.

“유수야, 너 그 말 어디에서 배웠니?”

“응, ‘바다탐험대 옥토넛’에서 나온 말이야.”

아이는 낯빛 하나 바꾸지 않고 태연하게 대답한다. 아이는 즐겨 시청하는 애니메이션에서 나오는 대사를 생각해냈던 게 틀림없다. 잠수정을 탄 바다탐험대가 바다 밑에서 온갖 난관을 헤쳐나가는 이야기인데, 상어가 출몰하거나 큰 파도가 밀려오는 아주 긴박한 상황에서 사용하는 말이라는 걸 기억했었나 보다.

아이는 언제 이 말을 사용해야 하는지도 제대로 알고 있다.

2016. 3. 27

수선화 네 송이가 핀 날

봄날의 부드러운 미풍이 얼굴을 간질이는 이맘때면 내 눈은 연노랑색을 찾아 나선다. 마치 열병에라도 걸린 것 마냥 해마다 거르지 않고 치르는 버릇이다. 조급해진 눈길은 시시때때로 창밖을 내다본다. 3월 30일이 다가오는데 혹시 수선화가 피지 않으면 어떻게 하나 조바심을 했는데 다행히 올해도 별 모양을 한 예쁜 꽃 네 송이가 환하게 웃고 있다. 딱 유수의 나이에 맞춰 핀 것이 우연만은 아닌 듯하다.

여러 해 살펴본 경험에 비추어 아무래도 연못가는 기온이 낮아서 꽃이 더디게 핀다는 사실도 알아냈다. 그래서 작년 가을에 수선화 구근 몇 개를 마당 한쪽 소나무 밑으로 옮겨 심었는데 그곳에서만 꽃이 피었다. 할아비가 조금만 게으름을 피웠어도 올 유수 생일에 수선화

꽃을 못 볼 뻔했지 뭔가?

생각할수록 애틋한 내 손녀 유수.

마음이 고와서 그런지 유난히 보들보들한 것을 좋아하는 아이다. 옷이나 베개, 이불 따위도 보드라운 느낌이 드는 것들이면 다 좋아한다. 얼굴 가득 웃음을 담고, 예쁜 표정으로 실눈을 뜨고, 앙증맞게 작은 손으로 그것들을 더듬으며 행복해하는 모습이라니…….

"나는 보들보들이 제일 좋아……."

"하빠, 꽃들은 다 보들보들하지요, 응?"

할아비는 이런 아이의 모습에 홀딱 빠지고 만다. 세상에서 누가 또 나를 이렇게 미치게 만들 수 있을까?

2016. 3. 30

CARRO
CARRO

4월

· 세상에서 제일 예쁜 꽃
· 오늘 날씨 참 좋다!
· 썼던 것 지우고 있는 거야
· 저는요, 일요일이 참 싫어요!

세상에서 제일 예쁜 꽃

이른 아침 출근길에서는 못 보던 꽃들이 퇴근길에는 눈에 확 들어온다. 꽃들이 사람 마음을 헤아리는지 여유가 없어 보이는 사람에게는 제 모습을 쉬이 내보이지 않는 모양이다.

동네 뒷산에도, 저수지 둑에도, 우리 집 뜰에도 꽃들이 무더기로 피었다. 찬바람과 눈 속에서 죽은 듯이 지내던 녀석들이 따사로운 대지의 기운을 주체하지 못해 세상 구경을 나왔나 보다.

꽃 이름을 불러보는 즐거움으로 새봄을 맞이한다. 매화, 개나리, 산수유, 체리나무, 목련, 수선화, 동백(冬柏)(아니 춘백이라는 이름이 더 어울리겠다)과 자두, 앵두에다, 또 머잖아 피게 될 이팝나무, 철쭉들이 줄줄이 제 이름을 불러달라고 기다리고 있다.

세상에는 이보다 더 크고 화려한 꽃들이 얼마든지 많지만 나는 딱

이 만큼만 있으면 그만이다. 내가 사는 동네에 뿌리내린 이 꽃들만 해도 얼마나 소중한지 모른다.

이보다 더 많은 꽃들을 본다면 내 눈과 내 마음이 감당하기에 너무 현기증이 날 것 같아서다.

꽃 이름을 부르면 왠지 꽃들이 더 다정스러운 느낌으로 다가온다. 그런데 뭐니 뭐니 해도 꽃 중의 으뜸은 바로 손자들이다. 세상에 이보다 더 예쁜 꽃이 또 있을까?

1년 내내 지지 않는 꽃, 언제 봐도 결코 물리지 않는 꽃, 예쁜 짓만 골라서 하는 꽃, 할아비 가슴을 마구 휘저어놓는 꽃, 생각만 해도 가슴이 뭉클해지는 꽃이다.

가만히 그 꽃들을 불러본다.

"겸이, 휘수, 유수, 담이……."

2016. 4. 4

오늘 날씨 참 좋다!

어떤 갸륵한 인재의 생각주머니에서 나온 아이디어일까? 전주시 외곽에는 참으로 멋진 공간이 하나 자리를 잡고 있다. 땅 한 평만 있어도 집을 지으려 하고 돈벌이에만 급급한 각박한 세상인데 여기에다 꽃과 나무를 심을 생각을 하다니?

아무리 공기업이라고는 하지만 기업이 추구하는 가장 큰 가치가 수익성이 우선일진대, 한국도로공사에서는 전주의 초입 드넓은 땅에 전주수목원을 조성해서 시민들에게 무료로 즐길 수 있게 해주었다.

수목원이라는 게 초기에 심어놓기만 하면 끝나는 게 아닐 것이다. 계속 가꾸어나가려면 그 유지 관리비용도 만만치 않을 텐데 그런 부담을 감수하면서까지 꾸준히 투자를 해오고 있다니 참으로 박수를 받을 만한 일이 아닌가?

자칫 삭막해지기 쉬운 도시민들에게 이렇게 자연친화적인 공간을 만들어 제공하는 게 얼마나 신선한 발상인지 모르겠다. 특히 자라나는 미래세대의 정서교육에 끼치는 순기능은 아무리 칭송을 받아도 지나치지 않으리라 생각한다.

때는 따뜻한 봄날이고 또 토요일이다. 손녀들을 데리고 전주수목원을 찾았다. 굳이 누가 권하지 않아도 해마다 이맘때면 꼭 찾아가는 곳이다. 그곳의 꽃과 나무들이 나를 끌어당기기 때문이다. 물론 아이들이 쌍수를 들어 환영하는 곳이기도 하다. 이날을 얼마나 벼르고 별렀던가?

아이들은 들뜬 기분을 감추지 못한다. 입구에서부터 환호를 내지르며 뛰어다닌다. 나름대로 멋을 부린 온갖 꽃들에게 다가가 만져보고 냄새를 맡느라 여념이 없다. 나는 최고의 모델인 아이들을 꽃 옆에 붙들어 매고 할미는 사진을 찍어주느라 여념이 없다.

다섯 살짜리가 오늘의 기분을 한마디로 요약한다.

"오늘 날씨 참 좋다!"

아이들이 살아가면서 오늘처럼 기분 좋은 느낌을 오래오래 간직하고 살아가기를 간절히 빌어본다.

2016. 4. 9

썼던 것 지우고 있는 거야

큰 녀석은 이미 오래전부터 시간 개념이 확실해져서 시계도 볼 줄 알고 날짜 가는 것도 정확히 인식한다. 그런데 언제부터인지 다섯 살 작은아이도 제 언니처럼 세월의 셈법에 익숙해졌다. 그중에서도 요일 개념이 뚜렷해진 걸 보면 얼마나 신기한지 모르겠다.

작은아이에게는 어떤 날보다도 가장 환영받는 요일이 하나 있다. 아이에게 금요일은 말 그대로 '오늘은 즐거운 금요일'이다. 이날이 되면 제 부모 눈치 안 보고 하빠 집에서 마음껏 놀고 같이 잠도 잘 수 있으니까.

오후 네 시 반쯤이면 할아비가 유치원으로 데리러 온다는 것도 잘 알고 있다. 평소 같으면 아이가 나올 때까지 할아비가 유치원 앞에서 기다려야 하는데 오늘은 웬일로 아이가 먼저 나와서 할아비를 기다리고 있다. 아마도 아이의 마음이 급했던 모양이다.

하빠의 손을 꼭 쥐고 귀가하는 아이의 입에선 쉴 새 없이 속사포가 쏟아진다. 주위의 온갖 풍경을 빠뜨리지 않고 간섭한다. 눈에 보이는 꽃들은 왜 저렇게 예쁘게 피어있는지, 나비는 왜 꽃 주위를 맴도는지 궁금한 것투성이다. 꽃이 지고 난 마른 민들레를 따서 불어보려고 풀밭에 들어가는 수고도 마다하지 않는다.

한참을 떠들다 시들해졌는지 이번에는 만만한 할아비에게 어리광을 피우기 시작한다. 우리 집이 나타나자 어김없이 예의 그 버릇이 발동한 것이다.

"왜 이렇게 다리가 아프지?"

아이의 속내야 빤하지 않은가? 할아비 등에 업히고 싶다는 걸 에둘러 말하는 것이다. 할아비 등에 가만히 얼굴을 묻은 아이의 표정이야 보지 않아도 행복에 젖어 있음이 전해져온다.

하빠 집에도 밤이 찾아왔지만 아이들은 좀체 잠자리에 들 생각이 없는가 보다. 고단한 몸을 뉘고 쉬고 싶은 할미가 잠을 재촉해보지만 밤이 깊어가도록 두 아이의 웃음소리가 그칠 줄을 모른다.

장난꾸러기 작은 녀석이 제 언니에게 한 가지 제안을 한다.

"언니야, 우리 가위바위보 놀이할까?"

"그래, 좋아."

"언니야, 지는 사람 발가락에 손가락으로 이름 쓰기 어때?"

"좋아."

"이름 쓸 때 웃으면 안 돼, 알겠지?"

"그래 좋아."

"가위바위보."

언니가 일부러 져주었다. 이윽고 간지럼을 못 참은 언니의 비명소리가 울려 퍼진다. 그런데 그다음은 쉽게 그리던 장면이 아니었다.

"유수 너 왜 이렇게 오래 쓰는 거야?"

"응, 이번에는 썼던 것 지우고 있는 거야."

작은아이는 간지럼을 오래 태우고 싶어서 이런 요상한 꾀를 생각해낸 것이다. 겨우 다섯 살배기가 이토록 기발한 착상을 해내다니……. 곁에서 지켜보던 우리 내외도 찬탄을 금치 못했다. 도대체 요 녀석의 생각주머니가 어떻게 생겼는지 한번 활짝 열어보고 싶은 충동이 밀려온다.

2016. 4. 15

저는요, 일요일이 참 싫어요!

초등학교에 들어간 휘수는 빈틈없이 짜인 학교생활이 무척 힘에 부치는 모양이다. 학교에서도 정규과목 외에 방과 후 수업을 하느라 교실을 찾아 이곳저곳을 돌아다니며 여러 가지 과목을 배우기 때문이다. 또 피아노학원과 발레학원의 학습도 여덟 살 어린아이에게는 감당하기에 벅찬 일일 것이다.

오늘은 또 이런 말로 할아비의 마음을 무겁게 만들었다.

"저는요, 일요일이 참 싫어요. 왜냐하면 하룻밤만 자면 또 월요일이잖아요?"

저 어린 것에게 너무 무거운 짐을 지워준 것만 같아 미안하고 또 미안하다. 다시 한 번 이 나라의 교육정책이 원망스럽다. 제 역할을 하지 못하는 지도자들과 교육종사자들에게 엄중하게 책임을 묻고 싶다.

오늘은 토요일이다. 적어도 할아비 집을 찾아올 때만이라도 내 손녀들이 모든 시름 털어버리고 마음껏 뛰어놀게 하고 싶다. 유수가 하는 말을 들으니 미안하고 짠하다는 생각이 밀려온다.

"하빠 집에서는 뛰어다녀도 괜찮지요?"

평소에 부모들이 얼마나 주의를 주었으면 어린 것이 이런 소리를 할까?

마침 따뜻한 봄 날씨라서 아이들을 데리고 집밖으로 나왔다. 작은 아이는 세발자전거에 태우고 큰아이는 뒷바퀴에 작은 바퀴 두 개가 달린 안전자전거에 태웠다. 우리 동네 골목에는 자동차들이 별로 다니지 않아서 자전거 타기에 좋기는 하지만 아이들만 길에 내놓을 수는 없어서 할아비가 졸졸 따라다니며 봐주어야 한다.

지난겨울에는 추워서 못 탔고 비와 황사 때문에 계속 미루다 오늘에야 제대로 타게 되었다. 아이들은 자전거 타기에 신이 났다. 이제 상당히 익숙해져서 발놀림이나 운전을 능숙하게 한다.

저수지 둑 옆에 만들어진 둥근 화단 주위도 빙글빙글 돌아보고 어린이집 근처도 둘러본다. 내리막길에서는 브레이크도 잡아보고 오르막길에서는 할아비더러 서로 자신을 밀어달라고 두 자매가 성화를 부리기도 한다. 자전거 타는 재미에 흠뻑 빠져 집에 되돌아가려 하지 않는 녀석들을 겨우 달래 데려왔다.

이곳에 전원주택을 지으면서 마당에는 잔디를 깔았었다. 한 2, 3년 동안은 그런대로 잔디가 잘 자랐는데 어디에서 날아왔는지 잡초가 번져 잔디 구경하기가 더 어려운 지경이 되었다. 해마다 심해지더니 이젠 잔디보다 잡초가 훨씬 많아졌다.

땅이 마를 만하면 자꾸 비가 와서 마당을 정리하지 못해 늘 찜찜했었다. 마침 오늘은 날씨도 괜찮으니 미뤄두었던 제초작업을 하기로 했다. 마당에서 풀을 뽑고 있는데 작은 녀석이 자꾸 할아비 주위를 맴돈다. 모처럼 할아비와 같이 지내는 게 좋은지 아이는 잠시도 할아비 곁을 떠나려 하지 않는다. 그리고 자꾸 할아비가 하는 일에 참견을 한다.

"아, 알았다. 하빠는 지금 유수가 마당에서 뛰어놀기 좋으라고 풀을 뽑고 있구나!"

"그래, 맞아. 우리 휘수랑 유수랑 마당에서 자전거도 타고 비눗방울 놀이도 하라고 이렇게 하는 거야."

"그러면 나도 나쁜 풀을 뽑아야지."

아이는 호미를 찾더니 그 앙증맞은 작은 손으로 할아비를 도와 풀을 뽑고 있다.

할아비도 일요일 말고 늘 토요일만 있으면 좋겠다는 생각이 간절하다.

2016. 4. 23

5월

· 꿈에 누가 기저귀를 채워버렸어
· 왜 나한테 강아지라고 불러요?
· 세월이 약
· 할머니는 나를 안 키워주려고 하시잖아요?
· 산골에 사는 즐거움
· 아니, 난 지금 안 잘 거야!
· 아이가 졸려서 그래요
· 낮잠을 안 자는 아이

꿈에 누가 기저귀를 채워버렸어

특별한 일이 없는 한 월요일 아침 이맘때면 늘 똑같은 나의 일상이 반복된다. 여섯 시쯤 일어나면 샤워를 하고 조반을 기다리며 거실에서 조간신문을 본다. 일곱 시가 조금 넘었는데 안방 문이 살며시 열린다. 이건 분명히 어른의 기척이 아님을 느낄 수 있다.

할아비를 보자마자 작은아이가 배시시 웃으며 다가온다. 짜증난 얼굴이 아닌 걸로 봐서 지난밤에 아이가 충분히 잠을 잤다는 증표이니 할아비도 적이 안심이 된다. 연이어 도저히 웃음을 못 참겠다는 듯이 지껄인다.

"하빠, 웃겨 웃겨!"

"아가, 왜 그래?"

"응, 어젯밤에 내가 분명히 기저귀를 안 차고 잤는데 꿈에 누가 기저귀를 채워버렸어, 웃기지, 응?"

아이는 제 아랫도리를 가리키며 함박웃음을 짓는다.

"할머니랑 하빠가 기저귀 채워줬는데 너 생각 안 나나? 너 어젯밤에 수박 많이 먹었잖아?"

"아, 그랬구나?"

어제는 일요일이었다. 종일 하빠 집에서 잘 놀다가 밤이 되자 큰 녀석은 제 부모를 따라 아파트로 돌아갔는데 작은놈은 울며불며 안 가겠다고 버티다 할아비 집에 남았었다. 제 아비가 눈을 부라리며 겁을 줘도 아무 소용이 없었다. 낮잠도 안 자고 제 아비와 실랑이를 벌이는 바람에 지쳤는지 저녁밥도 제대로 못 먹고 일찍 잠이 들었었다. 쉬를 시키지 못한 채 재우는 바람에 자다가 이부자리에 오줌을 쌀까 봐 걱정이 되었다. 잠에 곯아떨어진 아이에게 기저귀를 채워주었는데 아이는 그걸 기억하지 못했던 것이다.

아이가 내 옆에서 자는 날이면 나는 잠을 설치곤 한다. 잠버릇 심한 녀석이 혹시라도 침대에서 떨어질까 봐 걱정도 되고 쉬나 응가가 마렵다고 하면 바로 화장실로 데려가기 위해 대기조가 되어야 한다. 또 식은땀을 잘 흘리는 녀석이 감기에 걸리지 않도록 자주 닦아주어야 한다.

아니 그보다는 자는 모습이 너무 귀여워서 수시로 들여다보느라 깊은 잠을 잘 수가 없다. 바라볼수록 꿈을 꾸는 것만 같다. 어쩌다 저것들이 생겨나 할아비의 말년을 이렇게 애틋하고 행복하게 만드는가?

나는 과연 저것들이 잘 성장할 때까지 잘 돌봐줄 수 있을까? 저것들을 위해서라도 내가 더 기운을 차려야지!

2016. 5. 2

왜 나한테 강아지라고 불러요?

오늘은 화요일이라서 평소의 생활리듬대로라면 아이들이 오는 날이 아니다. 그런데 저녁 무렵 며느리가 아이들을 데리고 나타났다. 지난밤에 작은 녀석이 할아비 집에 가고 싶다며 서럽게 울었단다. 할머니가 유치원으로 데리러 오겠다고 했는데 그 약속을 안 지켜서 화가 많이 났다는 것이다. 실은 할아비 집에 가고 싶은 아이가 일방적으로 할머니더러 데리러 오라고 해놓고 그걸 약속이라고 믿은 탓인데 말이다.

어쨌든 아이는 집에 들어서자마자 단호한 어조로 쐐기부터 박았다.

"난 아파트에 안 갈 거야. 꼭 하빠랑 같이 잘 거야!"

그러자 할미가 아이에게 조건부로 승낙을 했다.

"그러면 너 할머니 할아버지를 괴롭히면 안 돼!"

"예."

"난 우는 건 제일 싫어. 울면 안 돼!"

"예."

"밥도 잘 먹어야 해. 알았지?"

"예."

마침 내일은 휘수가 소풍을 가는 날이라고 한다. 그래서 할미는 아이들을 일찍 재우려고 전깃불도 꺼버리고 여덟 시 반쯤 침대에 뉘었다. 아직 잠자기 싫은 아이들은 또 꾀를 하나 찾아냈다. 얼른 동화책을 가져와서 읽어달라고 조른다. 할아비가 이걸 피해가지 못한다는 걸 잘 알기 때문이다. 아이들은 최대한 잠을 늦추려고 두꺼운 책을 가져오는 요령을 피운다. 무려 100쪽도 넘는 '잠자는 숲 속의 공주'다. 꽤나 시간이 걸리고 입도 아플 것 같지만 한 대목도 빠뜨릴 수 없다. 큰아이는 글자를 알기 때문에 속일 수가 없고, 작은아이는 내용을 훤히 꿰고 있어서 건너뛰었다간 금방 들통이 나서 아이의 호통을 들어야 한다.

"하빠! 또 빼먹었구나! 다시 읽어! 그게 아니잖아?"

다 읽어주고 나자 아직도 미련이 남았는지 한 권을 더 들이민다.

"안 돼! 오늘은 이것만 읽어줄 거야!"

아쉬워하는 아이들을 겨우 달랬더니 그게 서운했는지 이번에는 작은 녀석이 쪼르르 할미에게로 건너가서 살갑게 말을 붙인다. 말끝마다 할머니, 할머니 하며 호칭을 덧붙이는 건 친근감의 표시일 게다.

"할머니, 할머니는 왜 나한테 강아지라고 불러요?"

"응, 그건 네가 예뻐서 그렇게 부르는 거야."

"그럼 왜 야옹이라고 안 불러요?"

"으음……."

아이의 질문공세에 적당한 이유를 찾지 못한 할미는 그만 말문이 막혀 쩔쩔 매는 처지가 되고 만다. 이때 무안해진 할미를 구원이라도 하듯 아이가 얼른 화제를 돌려준다.

"근데요 할머니, 유치원 친구들이 나를 놀려서 싫어요."

"뭐라고 놀리는데?"

"자기들도 꼬마면서 나한테 꼬마라고 불러요."

"그러면 너도 그 애들한테 꼬마라고 불러주지 그랬어?"

"그래도 나는 나쁜 말을 하면 안 되잖아요?"

어쩌면 이리도 마음씨가 고울까? 비록 욕설을 들어도 얻어맞아도 남에게 그대로 되갚아서는 안 된다는 걸 도리로 알고 실천하는 아이다. 어른 중에도 이렇게 사는 사람은 거의 구경할 수도 없는 세상이다. 한마디로 도덕군자나 행할 수 있는 드높은 경지가 아니고서야.

이를 지켜보는 할미나 할아비가 된통 얻어맞은 것 같아 부끄러워 고개를 들 수 없다. 이런 아이를 볼 때마다 너무 신통하고 대견하다며 할미의 목소리는 가느다랗게 떨리게 마련이다.

"유수야, 내일 언니가 소풍가야 하니까 아침에 일찍 일어나 준비하려면 빨리 자둬야지."

할미의 다정한 말투를 놓칠 리 없는 아이도 한껏 고분고분해져서 잠들 준비에 들어선다.

"할머니, '엄마가 섬 그늘에' 불러주세요."

이 노래의 곡조는 왜 그리도 구슬픈지 자장가로서 분위기 잡는 데에는 딱 제격이다. 30여 년 전이 생각난다. 아이들의 아비인 아들 녀석에게도 이 노래를 무척 많이 불러주었다. 이 노래를 들을 때마다 아들은 눈물이 그렁그렁해졌었다. 그래서 "그만 불러줄까?" 하고 물으면 울면서도 더 불러달라고 했었지.

30년쯤 뒤, 그 아이가 아비가 되고 그 아이의 아비는 할아비가 되었는데 그 노래는 변함없이 아이들의 애창곡이다.

2016. 5. 3

세월이 약

내일부터 나흘간이나 이어지는 어린이날 연휴가 기다리고 있다. 더구나 올해는 원래 예정에 없던 징검다리 연휴였다. 이런저런 이유를 달아 휴일로 추가 지정하는 바람에 덤으로 얻은 셈이다. 정부나 기업이나 아이가 있는 집들이나 다들 속셈은 조금씩 다르지만 기다리는 마음은 숨길 수 없는가 보다. 물론 이 연휴를 제대로 쉬지 못하는 사람들도 많고 덩달아 아이를 맡길 수 없어 상대적으로 더 힘든 사람들도 있다 하니 마음 한구석에는 그림자가 드리워져 있기도 하다.

그래도 온갖 시름 다 내려놓고 이때만이라도 아이들 위주로 지내면 좋겠다는 소망을 가져본다. 하루 종일 생각하고 바라보는 아이들이지만 잠시만 떨어져도 보고 싶어지고 보면 반가운 존재들이다. 딸네 식구들이 이 틈을 놓칠 리가 없다. 우리 식구들 모두 이들을 기다리고 있는 것도 당연한 일이다.

못 본 새에 네 살 담이 녀석이 부쩍 자랐다. 말도 많이 늘어 제법 의사소통이 된다. 스스럼없이 바짝 다가와 옆에 누워 장난도 걸어온다. 제집보다 넓은 집이 마음에 드는지 활달하게 뛰어다니는 걸 보니 내 속이 다 후련하다. 아직도 제 어미가 시야에서 잠시만 벗어나도 찾는 버릇은 여전하지만 전보다는 확실히 덜했다. 제 어미의 잠을 빼앗고 괴롭히며 밤에 보채는 버릇도 조금씩 줄어드는 것 같아 다행이다.

내게는 더없이 소중한 딸인데 두 아이 키우느라 시달리는 걸 바라보자면 늘 속이 상했다. 언제쯤 아이의 이 괴팍스러운 버릇이 사라질지 한숨만 나왔었다. 그런데 지금은 작은 희망도 가지게 되었다. 그래, 세월이란 이런 것이라고 스스로를 위로해본다.

2016. 5. 4

할머니는 나를 안 키워주려고 하시잖아요?

유수는 유치원에서 귀가하자마자 가방부터 뒤진다. 주섬주섬 종이로 만든 카네이션을 꺼내더니 얼른 할아비 가슴에 붙여준다. 아마도 제 부모들에게 달아주라고 유치원에서 만들어준 것 같은데 아이는 이걸 할아비 할미 몫으로 생각한 모양이다. 아이의 이런 마음이 신통하면서도 한편으로는 짠한 마음이 앞선다. 저를 주로 키워주는 사람은 분명히 제 부모일 텐데 아이는 지금 부모보다 조부모에게 더 많은 애정을 보이고 있는 것이다.

저녁 무렵 아이의 부모들은 퇴근길에 곧장 아이들이 있는 우리 집으로 왔다. 그러곤 아이들에게 인사를 하라고 시킨다.

"애들아, 할아버지 할머니께 '키워주셔서 고맙습니다.' 하고 인사드려야지?"

이 말이 떨어지기 무섭게 유수가 잔뜩 골이 난 얼굴로 불만을 털어놓는다.

"아니야, 할머니는 나를 안 키워주려고 하시잖아요?"

아, 아이가 마음속에 이런 생각을 품고 있었다니 듣는 할미도 할아비도 얼굴이 화끈거려 할 말을 잊어버렸다. 평소에 할미가 작은아이에게 자주 하는 말이 있다.

"너 그렇게 말 안 들으려면 너희 집에 가 버려! 너 때문에 할미가 너무 힘들어!"

철없는 아이라서 그저 무심코 흘려듣는 줄 알았더니 그게 아니었구나! 그 소리가 이렇게 아이의 마음을 아프게 했구나! 편히 쉬어야 할 늘그막에 막무가내 떼쓰는 아이에게 시달리는 내자도 안쓰럽고, 그래도 만만하게 비빌 언덕이라고 생각했던 할미로부터 서운한 소리를 들어 마음이 아팠을 아이도 불쌍하니 이를 어쩌면 좋을까!

하는 짓마다 지껄이는 말끝마다 늙은이들을 깨우쳐주고 감동의 도가니로 빠지게 하는 녀석이네! 오늘따라 더욱 귀엽고 사랑스러운 아이를 꼭 안아주었다. 할미 할아비의 사랑은 늘 똑같다고 말해주었다.

2016. 5. 7

산골에 사는 즐거움

5월을 계절의 여왕이라고 한다지만 이 말을 실감하며 사는 사람이 과연 얼마나 될까? 지금 이 산골은 1년 중에 가장 멋들어진 계절이다. 산자락에는 하루가 다르게 녹음이 짙어가고, 날만 새면 여기저기에다 불쑥불쑥 터뜨리는 꽃들의 향연이 펼쳐진다.

싱그러운 풀 내음과 달콤한 꽃향기에 민감한 온갖 새들과 곤충들이 이 좋은 잔치판을 놓칠 수 없겠지. 아담한 산골에는 아연 활기가 넘친다. 도대체 어느 갸륵한 이가 이곳에다 꽃과 나무의 씨앗을 이리도 많이 흩뿌렸을까?

아 참, 세상에 그럴 사람이 어디 있겠어? 그렇지, 그건 필시 새나 산짐승들이 부린 조화로구나!

나는 대문 밖으로 나설 때마다 자꾸만 우리 동네 뒷산을 뒤돌아보는 버릇이 생겨 외출하는 발걸음이 지체되곤 한다. 언제 봐도 결코 싫증나지 않는 참 아름다운 골짜기라는 생각에 젖어든다.

사람이든 자연이든 아름다운 걸 보면 기분이 상큼해지게 마련이다. 보고 또 봐도 결코 물리지 않는 멋진 풍경이다. 흔히 사람들은 알록달록 단풍이 물드는 가을이 가장 아름답다고 말하지만 그건 그것대로 좋고 신록이 우거져 생기 넘치는 이 계절도 결코 그에 뒤지지 않는다.

이곳에 자리 잡기를 참 잘했다는 생각이 든다. 돌아보면 집터를 찾아 10년이 넘는 세월 동안 참 많이도 헤맸다. 그리고 그 많은 후보지 중에서 고르고 골라 운명처럼 이곳에 정착하게 되었다. 사람이 살다 보면 수많은 인생의 기로를 만나게 된다. 또 선택한 뒤에는 후회해도 소용없는 짓인 바에야 자신의 결정을 합리화하려는 마음을 갖게 마련이다. 아무리 더듬어 봐도 나의 선택이 참 절묘했다고 믿고 싶다.

나는 애초에 이 터를 잡고 집을 지으면서 가장 주안을 둔 것 중 하나가 손자들과 어울려 살아갈 공간이라는 꿈을 꾸었던 것이었다. 특히 자연친화적인 삶을 추구하는 것이 내 손자들 정서 형성에 적잖은 몫을 하리라는 기대 때문이었다.

사람이 살아갈 터를 잡는 일은 인간사에서 지극히 중대한 일일 것이다. 가족 구성원들의 의견이나 비용문제 등 현실적인 여러 제약을 무릅쓰고 숙고 끝에 얻은 결론이었다. 비록 철없는 어린 것들이지만 자꾸 할아비 집으로 끌리는 아이들의 심리 저변에는 자연친화적인 환경도 적잖은 영향을 미쳤으리라 생각해본다. 내 손자들을 키우는 데에 이만큼 좋은 환경을 찾기도 쉽지는 않을 것이라며 자아도취에 빠져본다.

아이들은 할아비의 기대대로 자연친화적인 삶에 잘 적응하고 있어 다행이다. 눈만 뜨면 보고 듣는 게 산과 들과 호수(저수지)와 풀과 나무와 꽃과 새들의 지저귐이니 정서적 안정감을 갖는 것은 당연한 이치일 테다. 눈앞에 아름다운 자연만 펼쳐지는데 사악한 마음이 끼어들 틈이 있을까?

아이들은 눈에 띄는 개와 고양이와 닭과 물고기와 새들과 개구리와 온갖 벌레들까지도 우리와 더불어 살아가야 할 소중한 동반자로 여긴다. 아이들 눈에 이들은 두렵고 귀찮은 존재가 아니므로 다가가서 다정하게 말을 건넬 수도 있다. 사람이 먼저 건드리지만 않으면 사람에게 해를 끼치지 않는 다정한 이웃으로 인식하고 있다. 아이들은 모든 살아있는 것들을 사람처럼 생각하고 아껴주어야 할 대상으로 여기는 따뜻한 마음을 가진 작은 천사들이다.

아이들은 밭에 심어놓은 곡식이나 채소 따위에도 따뜻한 애정을 쏟는다. 어른들이 일하고 있으면 꼭 거들고 싶어 끼어든다. 굳이 누가 시키지 않아도 땀 흘리며 일하는 게 신성하다는 의식이 벌써 작은 몸에 배기 시작했다. 앙증맞은 작은 손으로 호미질하는 모습이 얼마나 진지한지 모른다. 사실 나는 아이들의 이런 성품에서 한없는 행복감을 느끼곤 한다. 아이들은 길섶에 핀 꽃들을 봐도 그냥 지나치질 못한다. 다가가서 냄새 맡고 그 보드라운 감촉을 느껴보려고 한다.

보통 도시 아이들에게서는 찾아보기 쉽지 않은 따뜻한 인정이 흐르는 것 같아 얼마나 흐뭇한지 모른다.

나는 확신한다. 어린 시절 이 산골에 살면서 겪은 체험들이 살아가는 데에 반드시 긍정의 바탕이 되리라고. 반드시 아름다운 세상을 열어 가는 밑거름이 되리라고. 이 산골에 살면서 나는 소중하고 새로운 기쁨을 하나 더 얻었다. 그걸 내 손자들이 실증해주었다.

2016. 5. 15

아니 난 지금 안 잘 거야!

우리 온 식구들이 기다리고 기다리는 금요일이다. 손녀들과 조부모가 애태워 서로를 기다린다. 이날 오후가 되면 우리는 어김없이 유치원에서 상봉을 한다. 할아비를 발견한 작은 손녀는 만면에 웃음을 담고 밝게 나타난다. 아직 시계를 볼 줄은 모르지만 할아비가 나타날 시간만큼은 거의 정확히 파악하고 있다. 때로는 아이가 먼저 문 앞에서 기다리기도 한다.

집에 도착하기 무섭게 참았던 시장기가 몰려오는지 냉장고부터 뒤진다. 먼저 우유를 찾고 아이스크림도 주문한다. 요즘에는 꾀가 생겨서 간식을 먹으면서 텔레비전을 시청하는 데 맛을 들였다. 저는 점잖게 텔레비전 앞에 앉아 있고 할아비더러 먹을 것을 갖다달라고 명령하기도 한다. 아이가 좋아하는 채널은 146번이다. 이제 아이는 능숙한 솜씨로 제가 보고 싶은 채널로 돌린다. 때로는 마음에 드는 프로그램이 아니면 짜증을 부리기까지 한다. 글자는 몰라도 줄거리를 훤히 꿰고 있다.

이렇게 기다리다 보면 피아노학원에 갔던 언니가 귀가한다. 언니는 작은아이의 가장 든든한 보호자이자 친구다. 온갖 어리광도 다 받아주니 하해와 같은 언니라 할 만하다. 심지어 요새는 화장실에도 자매가 같이 다닌다. 언니는 동생의 대소변 뒤처리도 자상하게 보살펴 준다. 세수는 물론이고 엉덩이까지도 언니가 씻겨준다. 이제 작은 녀석은 화장실 갈 때 굳이 할아비를 찾지 않아도 된다.

할미도 할아비도 아이들을 바라보면 절로 흐뭇한 웃음이 번진다. 자매의 우애가 저렇게 다정한데 만약 한 놈만 낳았다면 얼마나 외로웠을까? 생각만 해도 후회막급일 것 같다. 큰아이는 학교에서 주는 간식도 동생에게 주려고 먹지 않고 가져온다. 언니의 아우 사랑이 눈물겹다. 동생도 제 언니를 따르는 게 얼마나 지극한지 모르겠다.

잘 놀고 저녁 식사도 마치고 제집으로 돌아갈 시간이 다가온다. 작은아이는 눈치가 빤해서 얼른 할아비 품으로 파고든다. 할아비가 아이의 마음을 떠본다.

"유수야, 오늘은 집에 가지 말고 여기서 하빠랑 같이 자자. 지금 하빠 옆에서 잠이 들면 아빠가 못 데리고 갈 테니까 빨리 자버리자."

"아니야. 난 지금 안 잘 거야. 내가 잠들면 아빠가 나를 얼른 안아서 집에 데리고 가버리면 어떻게 해?"

아이의 그럴싸한 상상력이 놀랍기도 하고, 오죽이나 아파트로 돌아가기 싫으면 어린 것이 저런 생각까지 할까 싶어 할아비 마음이 울적해지고 말았다.

2016. 5. 20

아이가 졸려서 그래요

재취업을 한 나의 출퇴근 이동수단은 완주군 이서면에서 전주역을 오가는 72번 시내버스다. 엄연히 자가용차도 있는 사람이 굳이 버스를 타는 게 채신머리없는 짓이라고 흉을 보는 이들이 있을지도 모르겠다. 아무리 세속의 보편적 평가기준이 그렇더라도 나는 그런 것 따위에 얽매고 싶진 않다. 조금은 느리게 살아야겠다는 게 가장 큰 이유다. 고단하게 살았던 어린 시절을 잊어버리지 않고 자칫 나태해지기 쉬운 자신을 경계하려는 나만의 고집스러운 정신수양법이기도 하다.

그러고 보니 내가 시내버스를 타 본 것도 꽤 오래전의 일이었다. 그동안 대중교통을 이용할 필요성을 별로 못 느끼고 살았기 때문이다. 꿀벌의 행동반경이 대개 2킬로미터 내외라는데 어쩌면 나의 행동 경로와 거의 일치하는 셈이다. 비상상황에 즉응하기 위해서는 집과 직장이 가까워야 하므로 늘 거기에 맞춰 살았다. 또 웬만한 거리는 차를 이용하지 않는 게 나의 오랜 생활습관이다.

우선 버스에 관한 기초 정보를 파악해두기로 했다. 그리 높은 벼슬을 지내지도 않았고 검박한 생활이 몸에 뱄지만, 실은 퇴직하고 나서야 본격적으로 은행이나 우체국과 주민 센터를 드나들기 시작했다. 그러므로 버스 타는 것도 은퇴 후 새로 익혀야 할 일들 중 하나다. 인터넷을 뒤져 이용할 버스와 시간표 경로 등을 검색했다. 그리고 생전 처음으로 교통카드라는 것도 구입했다.

아침마다 집에서 7, 8분쯤 걸어서 버스정류장에 도착하고, 20분마다 한 번씩 운행하는 버스를 기다린다. 인터넷 안내문에 나와 있는 도착시각을 제대로 지킨 건 여태껏 단 한 번도 못 보았다. 시 당국에서는 버스의 적자보전에 시 예산을 지원한다던데 버스가 시간을 제대로 지키는지 난폭운전은 안 하는지 운전자가 친절한지 등 행정지도 측면에서 참 아쉬움이 많다.

그래도 지금 나는 예전 젊은 시절처럼 그렇게 시간에 쫓기듯 살지는 않으니 느긋한 마음이라서 그나마 다행이다. 한 번 놓치면 20분을 기다려 다음 차를 타면 그만이지만 시간을 다투는 사람들에게는 적잖이 짜증나는 일일 것 같다.

버스에 오르면 먼저 버스 안을 휘 둘러본다. 사람들의 표정이 너무도 각양각색이어서 그걸 훔쳐보는 것도 참 흥미로운 일이다. 버스가 대중교통수단이어서 여기에는 대개 서민층이나 학생들이 대부분이다. 요즘처럼 자가용이 흔한 세상에서 그마저도 부담스러운 계층이 주류를 이룬다. 하루빨리 벗어나고 싶었던 지독한 가난의 불편함도 이제는 내 가슴에 깊숙이 자리 잡은 짙은 향수가 되었다.

버스 차창 밖으로 끝도 없는 자동차의 물결이 흘러간다. 아무리 눈을 씻고 봐도 저 중에서 태반은 혼자 탄 차량이다. 자원의 대부분을 다른 나라에서 사들여오는 나라의 국민의식이 고작 이 정도인지 대단히 실망스럽다. 자동차 운행으로 인한 공해문제는 또 얼마나 심각한 수준인가?

사회주의 국가가 아닌 한 개인의 자유에 속한 영역을 간섭할 수는 없다 해도 이건 너무 이기적이고 낭비가 심한 처신이다. 문명의 이기는 최대한 이용하고 자원은 소비하기 위해 존재하는 것이라는 논리를 펴는 사람들에게 자원절약은 한낱 케케묵은 사고방식으로 배척받을지도 모른다. 걸핏하면 외국 것을 들먹이고 모방하기 좋아하는 사람들이 많던데 왜 선진국의 자원절약과 공해저감대책 은 이다지도 외면하는가?

대중교통을 이용해서는 안 될 만큼 바쁜 사람들이 그렇게도 많은가? 버스에 탈 때마다 위정자들도 가끔씩 이런 버스에 올라 서민들의 애환을 짧게 체험이라도 해보면 좋겠다.

요즘 버스에는 남녀노소의 차이란 조금도 인정하지 않으려는 생각 즉 평등사상을 철저히 실천하려는 사람들만 탑승하는 것 같다. 우리가 젊은 날에는 나이 든 사람만 보면 거의 반사적으로 자리를 양보하곤 했는데 손자뻘인 젊은이가 노인에게 자리를 양보하는 모습은 거의 찾아보기 힘든 지경이 되었다. 일단 자리를 차지하고 나면 아예 눈을 감아버리거나 스마트폰에 고개를 콕 처박고 자신의 시야를 좁혀버린다.

60대 중반인 나는 아직 30분 정도 서서 가는 건 그런대로 견딜 만하다. 그렇지만 시내버스는 노약자가 서서 버티기에는 너무 위험하다. 아마도 하루 벌이 막노동을 하러 가는 허름한 차림새를 한, 나보다 더 나이든 사람들이 서서 가는 모습을 보면 서글픈 생각이 밀려와 괴로워서 견딜 수가 없다. 남들은 편히 쉴 나이에 편히 쉴 시간에 저 사람은 어쩌다 저렇게 흔들리는 버스에서 앉지도 못하고 저 고생을 하는지?

노인 공경은 인간의 기본적 도리이고 최소한의 예의가 아닐까? 노인은 모두 누군가의 부모이고 사람들의 미래 모습이다. 2020년쯤이면 우리나라도 노령인구가 14%에 이르는 노령사회에 들어선다는데 언제부턴가 우리는 늙는 걸 박대하는 인정머리 없는 나라가 되고 말았다. 사람은 누구나 세월이 흐르면 노인이 되는데 말이다.

버스를 이용한 지 불과 100여 일 만에 그동안 못 보던 세상 풍경을 참 많이도 구경했다. 앞으로 얼마나 더 진기한 천태만상들과 마주치게 될까? 또 하나, 자가용차만 타고 다니면 수백 번을 지나다녀도 동네 이름이나 이런저런 풍경에 무관심한 채 지나치고 말지만 버스를 타면 그 이름들이 새삼스레 정겹게 다가온다. 세계 최고의 IT 강국답게 정류장마다 친절한 안내방송이 나오기 때문에 '명주 골', '배나

무골' 같은 토속적 정감을 듬뿍 담은 지명들도 새로 알게 된 건 상큼한 즐거움 중 하나다.

오늘 아침 버스 안 풍경이다. 일찍 찾아온 더위 탓에 버스 안은 한여름이나 다름없다. 끈적거리고 갑갑해서 땀을 흘리는 승객들이 많지만 무심한 운전사는 이런 승객들의 불편함 따위는 안중에도 없는지 에어컨을 켤 생각이 없어 보인다. 이럴 때 창문이라도 열어보려는 여유를 가진 승객도 보이지 않는다.

매사가 귀찮은지 짜증이 잔뜩 묻어나는 얼굴들이다. 여기에 하필 어린애의 칭얼대는 소리가 버스의 분위기를 더욱 침울하게 만들고 있다. 소리의 주인공은 스무 살 전후로 보이는 앳된 엄마의 품에 안긴 갓난아이였다.

손자들이 울 때마다 할아비 가슴은 얼마나 쓰리고 아팠던가? 슬피 울어대는 아이의 고통이 내 가슴을 때려 나는 금방 좌불안석이 되고 말았다.

"아이의 엄마가 너무 어려 아이 키우는 게 서툴러서 저럴까? 차 안의 공기가 갑갑해서 아기가 저렇게 우는 건 아닐까? 창문이라도 좀 열어서 시원한 공기를 쐬게 하는 게 좋지 않을까?"

그 말을 해주고 싶었지만 나와 그 모자와는 조금 떨어진 거리여서 소리를 지를 수도 없었다. 나는 큰소리치는 것에 유난히 서투르다. 그래서 음식점 같은 데서도 종업원을 부르면 남에게 방해가 될까 봐 그냥 참고 만다.

아이는 계속 칭얼대고 엄마는 진땀을 흘리는데 누구 하나 거들어주는 사람도 없었다.

이대로는 안 되겠다. 아직 내가 내릴 정류장은 아니었지만 자리에서 일어나 그 아이 엄마에게 다가가서 조심스레 말을 걸었다.

"아이가 답답해서 그런 것 같은데 창문을 좀 열어보면 어떻겠어요?"

그러자 그 엄마는 나를 쳐다보지도 않고 대꾸를 했다.

"아이가 졸려서 그래요!"

걱정해줘서 고맙다는 투가 아니라 왜 남의 일에 간섭하느냐며 귀찮아하는 것 같은 대답이다.

"아차, 늙은이가 주책을 부렸구나!"

겨우 어설픈 육아 경험만으로 육아 선험 자라는 자만에 빠져 누군가에게 훈수를 하려 한 건 부끄러운 착각이었다. 오히려 아이 엄마에게 귀찮은 참견으로 비쳐지고 말았으니 곧장 후회가 밀려왔다. "당신은 황혼육아 전문가"라며 남들이 듣기 좋으라고 한 말에 잠시 내가 도취해 있었나 보다. 오늘 버스 안에서 벌어진 해프닝은 오래도록 긴 여운으로 남을 인생수업의 한 장면이었다.

2016. 5. 26

낮잠을 안 자는 아이

요즘 이 집 할매에게는 새로운 걱정거리가 하나 생겼다. 물론 이건 우리 가족 모두에게도 똑같이 심각한 문제다. 매주 금요일이면 유치원에서 아이가 덮던 이불을 세탁해 오라며 집으로 보내고, 월요일이면 세탁한 걸 다시 유치원으로 보내준다. 그런데 유수 말을 빌리면, 선생이 그러는데 우리 아이한테만 앞으로 이불을 가져오지 말라고 했다는 것이다.

이상한 일이 아닌가? 아, 우리 유수가 유치원에서 낮잠을 자지 않아서 그런 것일까? 하필이면 며칠 전 텔레비전에서 그런 비슷한 내용을 방영한 걸 할미가 보았단다. 낮잠 재우는 시간에 잠을 자지 않는다고 유치원 교사가 어린애를 마구 구타하는 장면이었다고 한다.

유수에게 물어볼 때마다 저는 낮잠을 자지 않는다고 대답한 적이 많았다. 유치원에 가지 않는 날에도 아이는 어지간해서는 낮잠을 자지 않는 버릇이 있는 걸로 봐서 그건 틀림없는 사실이다.

전에 제 언니도 한때 낮잠 문제로 유치원 가기를 한사코 거부한 적이 있었다. 아이로서는 이게 굉장한 스트레스였을 것이다. 어린 것이 오죽 힘들었으면 울고불고 그 난리를 쳤을까? 똑같은 일로 걱정을 반복하게 될 줄이야…….

개인적 생리상 낮잠을 안 자는 아이들도 있을 텐데 이렇게 일률적으로 억지 잠을 재우려 들다니 참으로 이해할 수 없는 처사다. 유치원은 좀 더 여유를 갖고 탄력적인 교육을 할 수는 없는 것인가? 당장이라도 찾아가서 시정을 요구하고 싶지만 내자는 한사코 말린다. 그러면 도리어 밉보여서 더 따돌림을 받게 되지나 않을까 걱정을 하고 있다.

귀여운 내 손녀가 별 잘못도 없이 말썽꾸러기로 낙인 찍혀 불편한 생활을 감수해야 한다면 이대로 묵과할 수는 없다. 아이 맡긴 죄로 정당한 권리마저 그 행사를 조심스러워해야 하다니 참 답답한 일이다.

2016. 5. 28

adidas
adidas

6월

- 세상에서 제일 비위가 좋은 아이
- 참 얄궂은 소문
- 146증후군
- 하부지는?
- 오늘도 역시 행복한 하루

세상에서 비우가 제일 좋은 아이

유수는 화장실에 갈 때마다 습관적으로 누군가와 동행하려고 한다. 오늘도 할아비가 지명을 받아 아이 손에 이끌려 들어갔다. 아무리 어린 것이지만 똥 싸는 데까지 사람을 달고 가는 게 미안해서 그걸 덮으려는지 웬 말이 그렇게 많은지 모르겠다. 똥 싸는 장면을 중계방송 하던 아이가 이윽고 할아비에게 엉뚱한 질문을 한다.

"하빠, 내 똥 색깔이 어때?"

"응, 검은색이로구나. 음식을 골고루 안 먹으니까 이런 거야. 뭐든지 가리지 말고 고루 먹어야 한다. 알았지?"

할아비 말에 조금 머쓱해진 아이지만 그래도 지지 않고 대꾸를 한다.

"요구르트를 먹으면 황금색이 될 거야. 하빠, 빨리 가서 요구르트 가져와!"

세상에 이렇게 비위 좋은 놈은 첨 봤네!

식구들이 모이면 작은아이의 반응이 재미있어 자주 던지는 말이 하나 있다. 누가 좋은지 서열을 매겨보라고 할 때마다 아이가 난처해하는 걸 보고 싶어서 곧잘 장난을 친다.

"유수야, 너는 누가 제일 좋아?"

"응, 난 언니가 제일 좋아. 그리고 하빠, 그다음에 할머니, 그다음에 엄마, 그다음에 아빠, 그리고 떵 하빠……."

아이의 좋아하는 우선순위에서 늘 하빠가 첫 번째였는데 요새는 무슨 바람이 불었는지 언니가 더 좋다고 할 때도 있다.

"뭐야? 하빠가 제일 좋다고 했잖아?"

"응, 하빠가 제일 좋고, 언니가 두 번째로 좋아."

할아비 눈치를 살피던 녀석이 얼른 말을 바꾼다. 그러자 이번에는 언니가 샐쭉해져서 불평을 한다.

"너 그러면 안 놀아준다?"

그러자 이번에는 아이가 애교스럽게 실눈을 뜨며 언니를 달랜다.

"언니야, 이번에는 네가 양보해라, 응?"

지켜보던 식구들의 웃음보가 폭죽처럼 터져 나온다.

2016. 6. 1

참 얄궂은 소문

친정에 다니러 온 딸이 최근에 겪었던 황당한 일로 몹시 속이 상해 제 친정어미에게 털어놓은 이야기였단다. 딸의 말을 들은 어미도 그 불편한 심기를 가누지 못하고 내게 다시 전해주었다.

외손자 겸이네 반 담임선생이 아이들을 모아놓고, "한쪽 부모와 사는 사람은 손을 들어보라"고 하자, 철없는 겸이 녀석이 덜렁 손을 드는 바람에 생긴 해프닝이었다. 대학교수인 제 아비가 연구와 강의로 집에 늦게 들어오거나 외국출장이 잦은 걸 아이 나름으로는 제 어미하고만 사는 것으로 잘못 오해한 탓이다.

그런데 이게 거기에서만 그친 게 아니라 같은 반 다른 아이들이 집에 가서 그걸 전하는 바람에 일이 더 커지고 말았다.

"겸이는 아빠가 없어서 제 엄마하고만 산대요!"

또 그 아이의 엄마들이 이걸 확대해석해서 소문은 눈덩이처럼 부풀어 오르고 말았다.

더구나 남의 사생활을 들여다보려는 악취미를 가진 엄마 하나가 이걸 직접 확인하겠다며 매일같이 딸네 집을 방문해서 죽치고 앉아 남편의 존재 유무를 지켜보더라는 것이다. 급기야 딸이 사위에게 이 사실을 알렸고 사위가 평소보다 일찍 퇴근하는 바람에 해프닝은 끝났지만 소태를 씹은 것처럼 쓰디쓴 뒷맛을 남기고 말았다.

요즘처럼 가정해체가 흔하고 또 그게 그리 큰 흉이라 할 수도 없는 시대에도 당사자들은 지독한 편견과 힘겹게 싸워야 하는 현실이 안타깝다. 또 어떤 연유로든 남의 사생활에 간섭하려는 태도는 지극히 비인도적인 처사다. 편부모 가정의 자녀들도 보통 아이들처럼 똑같은 환경에서 자랄 수 있도록 우리 사회가 따뜻하게 이해하고 배려하려는 인식의 변화가 필요하다.

어쩌다 이렇게 악마의 후예들이 넘쳐나는 세상이 되었는가? 담임교사의 지각없는 처신이 일을 이리 그르치는 단초가 되었다. 가정환경을 조사하려면 개별면담이라도 해서 조용히 처리해야 하는 게 당연한 일이 아닌가? 철딱서니 없기로는 초등학교 1학년 수준도 못 되는 사람이네! 이렇게 자질도 능력도 함량미달인 교육종사자에게 우리의 미래를 이대로 맡겨도 되겠는가?

또 그 학부모는 그리도 할 일이 없어서 철부지 아이들의 말을 한번쯤 걸러보지도 않고 그런 엉뚱한 짓을 저질러서 애먼 사람들에게 상처를 입히는가? 그러잖아도 두 아들을 혼자 돌보느라 힘겨워하는 딸이 짠해서 마음이 무거운데 이런 황당한 일까지 겪어야 하다니 세상 인심이 너무 야박하다는 생각이 앞선다.

또 어린 것이 놀림감이 되어 눈총받고 힘들어했을 걸 생각하면 참으로 참담한 심경이다. 어른이나 아이 할 것 없이 이렇게 경거망동하는 자들이 날뛰고 있다. 세상 돌아가는 꼴이 이 지경이니 온갖 질시와 갈등이 난무하는 혼탁한 사회가 되는 건 당연한 귀결이 아니겠는가?

딸이 겪은 일을 보면서 내가 30대 초반에 치른 어처구니없던 기억이 되살아난다. 그때 아들과 두 살 터울의 딸은 젖먹이나 다름없이 어렸고 나는 일선 파출소장이었다. 그 시절의 파출소 경찰관 생활은 거의 살인적인 격무를 벗어나지 못했다. 2부제는커녕 교대가 없는 전일제였다.

매일 공식적인 퇴근이 밤 11시였고 사건 사고를 처리하다 보면 그 시간마저 경계가 무의미했다. 더구나 퇴근이 없는 날이 태반이었다. 1주일에 단 하루의 비번이 있었을 뿐이었다. 요즘 기준으로 치자면 거의 인권유린으로 큰 사회적 문제가 될 일이었다.

동네에는 참 얄궂은 소문이 떠돌았다. 예나 지금이나 참 할 일없이 입방아를 찧는 사람들은 늘 있게 마련인가 보다.

"저 집은 세컨드인가 봐! 남편이 어쩌다 한 번씩 집에 들르고 그나마 밤에만 살짝 찾아온대. 더구나 여자는 젊은데 남편은 직급이 높은 파출소장이니 아무래도 정상적인 부부가 아닌 게 틀림없어!"

사실 나는 그때 우리 도내에서 가장 젊은 파출소장이었다. 그러니 나를 잘 모르는 호사가들은 직급에 따라 나이도 많은 것으로 오해를 했는지도 모른다. 그 동네에 오래 살면서 자연스레 오해도 풀렸지만 생각할수록 씁쓸한 추억의 한 단면이다.

내자는 외손자가 짠해서 가슴이 찢어지는 것 같다고 했다. 아직 밑반찬 김치가 많이 남은 것 같은데 난데없이 김치를 담그고 있기에 물었다.

"무슨 김치를 또 담가요?"

"아무래도 딸네 집에 한 번 다녀와야겠어요."

친정어머니의 딸네 집 나들이에 빈손으로 갈 수야 없겠지?

2016. 6. 5

146증후군

작은아이는 집에만 들어오면 습관적으로 텔레비전부터 튼다. 어린이용 애니메이션 채널이 10개도 넘지만 그중에서 아이가 가장 좋아하는 건 146번 채널이다. 먹는 음식도 편식을 하듯이 아이는 아예 다른 채널은 거들떠보지도 않고 오로지 그 채널만 보려고 한다. 여기에서는 아이가 좋아하는 '옥토넛'과 '꼬마의사 맥스터핀스' 그리고 '리틀 프린세스 소피아' 또 디즈니 만화 등이 나오기 때문이다. 아이는 질리지도 않는지 같은 만화를 수백 번도 더 본다. 아이가 시청하는 시간에는 누가 옆에서 말을 걸어도 귀에 들어오지 않는지 전혀 대꾸가 없다. 말을 붙인 사람이 하도 답답해서 아이 몸을 흔들기라도 하면 버럭 화를 내며 귀찮아한다. 물론 이때는 밥도 먹지 않는다. 어른들이 억지로 먹이면 입에 떠 넣기는 하되 시청에 몰두하느라 아예 씹을 생각을 하지는 않는다. 어른들이 정색을 하며 아무리 야단을 쳐도 통하지 않으니 아이의 버릇은 좀체 잡을 수가 없다.

며칠 전에 아이는 어디에서 들었는지 느닷없이 '증후군'이라는 말을 사용했다. 아무리 아이가 영특하다 해도 아직 그런 말을 구사하는 건 도무지 어울리지 않았다. 그 말뜻을 물어봤더니, '나도 몰라?' 한다. 그렇게 어려운 말을 다섯 살배기가 알 리 만무하다. 아무래도 아이는 '146증후군'인 것만 같다.

2016. 6. 10

하부지는?

불과 며칠 전에 딸네 집을 다녀왔는데도 외손자들이 수족구병에 걸렸다는 딸의 전화를 받은 내자는 한달음에 달려가서 딸 모자들을 데려왔다. 전염을 우려해서 학교와 어린이집을 한 주 쉬기로 하고 일단 우리 집으로 요양을 하러 온 셈이다. 입안까지 헐어서 음식을 잘 먹지도 못할 만큼 고통이 심하다. 연전에 손녀들이 그 병에 걸려 한동안 고생하던 그때가 떠올라 몹시 속이 상했다.

이 무더위에 바깥바람도 못 쐬고 집안에만 갇혀 지내려니 아이들은 얼마나 갑갑할까? 그동안 누리던 평온하던 우리 집의 생활 리듬은 완전히 무너지고 말았다. 사내 녀석들이라서 집안이 얼마나 소란스러운지 모른다. 역시 손녀들과는 노는 것도 차원이 한참이나 다르다. 우당탕탕 뛰어다니며 거칠게 몸싸움을 벌이는 녀석들 때문에 잠들기까지는 집안이 들썩거리고 귀가 따갑다. 그렇지만 한편으로는 몸도 아픈 녀석들이 저렇게라도 떠들썩하게 놀면서 그 아픔을 잊어버릴 수만 있다면 좋겠다는 생각뿐이다.

물론 아이들의 전염이 걱정돼서 손녀들에게는 제 사촌들의 등장을 비밀에 부쳤다. 외손자들은 심심한지 수시로 제 사촌누이들을 들먹이지만 지금은 어쩔 수 없다. 면역력이 취약한 아이들이라 같이 어울리다보면 감염은 물어보나마나 한 일일 게다.

외손자들은 같이 지낸 사나흘 만에 외할애비와 부쩍 더 가까워졌다. 겸이는 밤이면 넉살좋게 할아비 곁을 차지하고 드러눕는다. 가볍게 코를 골며 잠든 녀석을 바라보니 애잔한 마음이 엄습해온다. 세상에 어쩌다 너와 나는 조손간의 인연으로 만나 지금 내 곁에 누워 있느냐?

친손녀들과 같이 있을 때면 사촌들 눈치 보느라 쉬이 다가오지 못하던 외할애비인데 요 며칠 동안은 온전히 제가 독차지할 수 있어 그게 좋았던 모양이다. 운동하러 다녀오는 길에 일부러 마트에 들러 아이가 좋아하는 떡이랑 아이스크림이랑 과자를 사다주었다. 아이에게 외할애비의 속 깊은 사랑을 꼭 전해주고 싶었다.

작은 녀석 담이는 말이 부쩍 많이 늘었다. 말 잘하는 유전자가 어디로 갈까? 제 어미를 닮아 그런지 네 살치고는 너무 말을 잘한다. 딸네 집으로 데리러 갔던 내자의 말을 들으니 놀랍기도 하고 짠하기도 한마음을 감출 수가 없다.

외할미를 만나 반가워하면서도 두리번거리며 외할애비를 찾더란다.

"하부지는?"

외할머니의 단짝인 외할아버지는 같이 안 오고 왜 할머니 혼자 왔느냐는 물음이었다.

그러더니 나를 휘수 할아버지라고 부르더란다. 제 형이 그렇게 가르쳤을까? 네 살배기가 제 나름은 친할아버지와 외할아버지를 구분해서 그리 부르는 것인데 듣는 외할애비는 그것들이 애잔해서 많이 울컥해지고 말았다.

손자들이 생긴 뒤로 다른 사람이 나의 호칭을 '휘수 할아버지'라고 불러주면 참 듣기 좋은데, 외손자들이 '휘수 할아버지'라고 부르면 왜 이리도 마음이 울적해지는지?

2016. 6. 22

오늘도 역시 행복한 하루

외손자들은 외가에서 꿈같은 며칠을 보내고 다시 제집으로 돌아갔다. 학교나 어린이집에 가는 구속에서 벗어나 종일 집에서 마음 놓고 뛰어다니고 외조부모에게 실컷 어리광을 피웠다. 먹고 싶어 하는 것도 말만 하면 얼마든지 대령했고, 제집에서는 어미의 감시가 심해 못 보던 어린이 프로그램도 실컷 시청하는 등 어른들이 온갖 비위를 다 맞춰주었으니 그 달콤한 날들이 아이들의 뇌리에 오래도록 남을 것이다.

외손자들이 떠났지만 혹시라도 수족구병에 감염이라도 될까 봐 아이들이 사용하던 그릇이나 화장실 수건 따위를 소독하고 세탁도 꼼꼼하게 했다. 그러고도 미심쩍은지 내자는 한 주 동안 못 만난 손녀들마저도 우리 집에 들여놓지 않으려고 했다.

그 사람이나 나나 손녀들이 보고 싶어 안달을 하면서도 보고 싶은 걸 참자니 참으로 견디기가 쉽지 않다. 오늘은 금요일이다. 아이들이 하교할 시간이 되자 마음이 급해진다.

무엇보다 작은 녀석이 할아비를 기다리고 있을 걸 생각하니 더는 참을 수가 없었다.

네 시쯤 되자 나도 모르게 발길이 유치원으로 끌리고 말았다. 할아비를 발견한 아이의 환한 표정을 보니 데리러 오길 잘했다는 생각뿐이었다. 손녀와 할아비는 무슨 약속이나 한 것처럼 집 쪽이 아닌 아이의 단골 가게로 향했다. 가는 길목의 신호등 앞에서 아이가 주저앉는다. 이번에는 할아비더러 앉아보라고 재촉한다. 할아비는 아이의 속셈을 뻔히 알면서도 시키는 대로 쪼그리고 앉았다. 그러자 기다렸다는 듯 할아비 등에 매달린다. 이제는 일어서라고 명령한다.

"일어 서!"

하빠는 아이의 지엄한 명령에 따를 수밖에 없었다. 아이를 업고 일어섰더니 그렇게 하지 말고 다시 하라고 야단을 친다.

"'해뜰' 하고 일어서야지!"

'해뜰유치원'에서 하듯이 '해뜰'이라는 구호를 외치고 일어서라는 것이다. 이쯤이면 아이는 유치원 선생님이고 나는 꼼짝없이 유치원 어린이가 되고 만다.

단골 가게에 들어서자 아이는 거침없이 진열대를 뒤지더니 제가 좋아하는 '뿅 망치'가 달린 '별 사탕'과 노래가 나오는 비눗방울 방망이를 골라 들고 주인아주머니에게 달려간다. 당연히 든든한 돈주머니인 할아비에게 빨리 계산하라고 눈짓을 보낸다. 얻어먹으면서도 이렇게 당당한 녀석들이 바로 내 손녀들이다.

이런 걸 사들고 가면 틀림없이 할미에게 야단맞을 게 뻔하다.

"유수야, 또 이런 것 사왔다고 할머니가 야단치시겠는데?"

이런 말에 주눅들 아이가 아니다.

"할머니가 야단치려고 하면 하빠가 혼내 줘, 알았지?"

어떤 말이 나와도 척척 대꾸할 줄 아는 순발력이 이렇게 뛰어난 다섯 살배기는 처음 보았다. 오늘도 할아비는 손녀에게 돈도 빼앗기고 땀 흘리며 등짐까지 하는 수고를 아끼지 않았지만 그래도 한없이 행복한 하루였노라고 생각했다.

2016. 6. 24

7월

언니는 네가 자랑스러워!

아이들은 걸핏하면 컴퓨터 속의 동영상을 틀어달라고 조른다. 거기에는 유치원에서 현장학습 갔던 장면과 재롱잔치와 방송에 출연했던 동영상들이 들어있다. 늘 보고 또 봐도 물리지도 않는지 그걸 들여다보며 깔깔거리는 아이들의 웃음소리가 집안 분위기를 환하게 물들인다. 저희들이 보기에도 지금보다 더 어린 시절의 모습들이 귀엽고 재미있어 보이는 모양이다. 하긴 어른들도 사진을 들여다보고 지난날의 추억을 더듬으며 마음의 평안함을 되찾곤 하는데 아이들이라고 뭐 그리 다르랴?

특히 손님이라도 찾아오는 날이면 그걸 자랑하려고 더 보고 싶어한다. 오늘도 자매는 할아비의 책상 좁은 의자에 둘이 엉덩이를 바짝 붙이고 앉아 동영상 시청에 폭 빠져 있다. 아이들은 시청하는 내내 쉬지 않고 웃고 떠들어댄다. 마치 중계방송이라도 하듯 영상 하나하나에 토를 다느라 입도 안 아픈지 모르겠다.

동생을 향한 언니의 지극한 사랑이 어찌나 감동적인지 아이들의 대화에 가만히 귀를 기울여본다.

"저기 좀 봐? 우리 유수가 제일 잘하네! 다른 애들은 뻣뻣하게 서 있는데 유수는 열심히 하고 있잖아?"

아마도 지난해 겨울에 있었던 재롱잔치 때 무용하던 장면을 보고 하는 말인 것 같다. 누가 봐도 우리 유수가 발군의 솜씨를 보였던 건 사실이지만 아무리 그래도 팔이 안으로 굽는 발언임이 분명하다. 언니의 넘치는 사랑은 크게 한 술을 더 떴다.

"유수야, 언니는 네가 자랑스러워!"

2016. 7. 2

하빠 집에서 실컷 놀 거야!

유수는 금요일부터 사흘 내내 하빠 집에서 놀고 잠을 잤다. 어른들이 주고받는 말을 유심히 듣다 혹시라도 제 부모들이 저를 집으로 데려갈 것 같은 눈치가 보이면 얼른 경계태세에 돌입한다. 내일이 월요일이니까 유치원 갈 준비도 해야 한다며 아비가 눈을 부라리고 야단을 쳐보지만 꿈쩍도 하지 않는다. 아비는 조부모랑 같이 지내다 보면 너무 어리광을 피워 버릇이 나빠질까 봐 늘 걱정이 많다.

아이들은 할아비 집에만 오면 그렇게 잘 놀 수가 없다. 온갖 장난감을 잔뜩 어질러놓고, 종이만 보면 가위질을 하고, 옷이란 옷은 다 꺼내서 입어보는 패션쇼도 벌이고, 안방에만 들어오면 이불과 베개를 총동원해서 성을 쌓아놓기 일쑤다. 아이들이 놀다 가고 나면 그걸 치우느라 한참을 씨름하는 게 단골 일감이 된 지도 오래다.

그래도 아이들이 할아비 집에 오면 평온함을 느끼는 것 같아 얼마나 다행스러운지 모른다. 아무리 정리 · 정돈하기가 귀찮아도 아이들이 저리 좋아한다면 나는 얼마든지 그 뒤치다꺼리를 마다하지 않을 것이다.

저녁이 되자 제 언니는 부모를 따라 아비 집으로 돌아갔지만 유수는 오늘밤에도 할아비 짝으로서 꿋꿋이 할아비 곁을 차지하고 누웠다. 아이는 전깃불을 끄고 어둠 속에서 할아비 곁에 바짝 붙어 도란도란 이야기꽃을 피우는 이 시간을 참 좋아한다. 아이는 지금 제집으로 데려가려는 아비와 다투던 일들이 떠오르는지 언제나 제 편인 할아비에게 하소연을 한다.

"나는 유치원 가는 날이 싫어! 하빠 집에서 실컷 놀고 싶어!"

아이는 잠꼬대 속에서도 여러 차례 흐느껴 울었다. 아마도 제 아비에게 야단을 맞는 꿈을 꾸지 않았을까?

아이는 지난밤 꿈 때문에 깊은 잠을 못 잔 탓인지 할아비가 출근하는 것도 모르고 개구리처럼 웅크리고 잠들어 있었다. 나는 자는 모습을 한참이나 들여다보다 무거운 마음으로 출근했다. 아이가 유치원에 잘 갔는지 궁금해서 퇴근하자마자 내자에게 알아봤다.

아이는 아홉 시가 다 되어서야 일어나더니 거실의 소파에 털썩 주저앉아 묻지도 않은 말을 털어놓더란다.

"아이 피곤해! 잠을 통 못 잤단 말이야. 더 자야겠다!"

하고는 다시 안방 침대에 쓰러지더란다. 조금 누워있던 아이는 아무래도 안 되겠는지 다시 일어나 배가 고프다며 먹을 것을 찾았다고 한다. 할미가 유치원에 가자고 재촉하자 아이는 못 이기는 척 가방을 메고 나서더란다.

유수는 이제 막무가내로 떼만 쓰는 아이는 아니다. 다섯 살이란 가기 싫어도 유치원에는 꼭 가야 한다는 것도 아는 나이인가 보다. 오늘도 아이는 온통 하빠 집에 갈 궁리를 하고 있을 텐데…….

2016. 7. 11

여름은 즐거운 계절

한동안 소식이 뜸하던 고향 친구의 전화를 받았다. 그는 어린 시절 일찍이 서울로 올라가 인테리어 사업으로 기반을 잡았다. 그는 시도 쓰고 화가로도 유명한 초등학교 동창생이다. 고향 사랑이 남달라 고향의 아름다운 풍광을 화폭에 담아냄으로써 고향을 빛낸 명사의 반열에 오른 자랑스러운 친구이다.

대개 사람들은 살아가면서 남들이 알아보기 힘들 만큼 외양이 자주 변한다는데 이 친구는 어린 시절 모습 그대로여서 오랜만에 만나도 금방 알아보겠다는 말을 자주 듣는다. 친구는 외모처럼 마음 씀씀이도 늘 한결같아 정이 넘치는 사람이다.

우리 사이야 굳이 특별한 이야깃거리가 아니라도 언제든지 서로 안부를 묻곤 한다. 그런데 이번에는 전화 속 목소리가 한층 들떠 있는 걸 느낄 수 있었다. 그건 우리들의 공통관심사인 손자들 이야기가 주로 화제에 올랐기 때문이다.

"여름도 되고 해서 손자들 물놀이 기구를 사러 갔는데 자네 생각이 나지 뭔가? 그래서 하나 더 샀지. 아마 자네 손자들도 좋아할 걸세. 자네 집 주소를 잊어버려서 미안하이. 곧 보내줄 테니 집 주소 좀 알려주게."

사노라면 이렇게 뜬금없이 반가운 소식이 찾아들 때도 있다. 평소에도 나를 생각하는 마음이 각별한 사람이기는 하지만 내가 가장 소중히 여기는 손자들까지 챙겨주는 마음에 감동하지 않고는 못 배기겠다. 곧 여름방학인데 우리 손자들의 방학 놀잇감으로 이만한 게 또 있을까? 아이들이 좋아할 걸 생각하니 내 가슴이 더 뛰었다.

언제부터인지 더위가 시작되면 사람들은 어쩔 수 없이 지루한 이 더위가 물러날 때까지 참고 기다려야 하는 것으로만 인식하고 살아왔다. 그런데 가만히 더듬어보니 어린 시절의 여름이란 지겨워도 참아내기만 하던 그런 것만은 아니었다.

그 시절의 여름은 어떤 계절보다도 추억이 많았었다. 학교에서 돌아오기가 무섭게 개울로 나가 멱 감고 물고기 잡느라 시간 가는 줄 몰랐다. 때 묻지 않은 자연 속에서 우리의 여름은 지루할 틈이 없이 늘 짧기만 했다.

밤이면 마당에 멍석을 깔고 온 가족이 둘러앉아 이야기꽃을 피웠다. 할머니 무릎을 베게 삼아 누워서 바라본 여름밤 하늘에는 금방이라도 쏟아져 내릴 것만 같은 무수한 별들이 박혀 있었다. 할머니가 들려주시던 구수한 옛이야기에 취해 어느새 안온한 잠에 빠져들었다.

더위 따위에 아랑곳하지 않던 생기 넘치던 그 여름은 다 어디로 가버렸나? 땀을 뻘뻘 흘리면서도 즐겁기만 했던 그 날로 되돌아갈 수는 없는 것인가? 조금만 더워도 짜증부터 내고 선풍기 리모컨을 찾는 멋없고 나약한 현대인들이 감히 상상이나 할 일인가?

사랑하는 손자들에게 할아비가 겪었던 아름다운 여름을 되찾아줄 수는 없겠지만 마음 푸근한 고향 친구 덕분에 이번 여름에는 꽤 괜찮은 선물 하나를 할 수 있어 참 다행이다.

2016. 7. 12

오늘도 허허 참!

어제는 금요일이고 지난밤 하빠 집에서 잠을 잘 잔 아이들은 아침밥도 먹는 둥 마는 둥 애니메이션에 폭 빠져 있다. 아파트에서는 부모들이 되도록 못 보게 하는 바람에 아이들은 늘 텔레비전 시청에 갈증을 느끼는 편이다.

장마 통에 제멋대로 자라 보기에도 흉한 마당의 잔디와 잡초가 눈에 거슬렸다. 마치 숙제가 밀린 것처럼 꺼림칙했다. 어제는 벼르고 벼르다 두어 시간 넘게 제초작업을 했다. 한더위에 땀을 비 맞듯 쏟았더니 온몸이 쑤시고 나른하다. 목욕탕에 가서 몸을 풀려고 집을 나서는 참이었다. 언니는 텔레비전 시청하느라 할아비에게 별 신경을 안 쓰는데 작은 녀석이 할아비가 외출하는 기미를 알아차리고 얼른 따라나선다.

"너는 공주님이라서 하빠랑 같이 목욕탕에 갈 수 없는 것 알지?"

"아니야, 그래도 난 따라갈 거야!"

부득부득 달라붙는 녀석을 떼어낼 재간이 없었다. 아이는 할아비 손을 꼭 잡고 마냥 신이 났다. 아이는 틈만 생기면 할아비랑 같이 외출을 하고 싶어 한다. 아이의 속셈은 늘 뻔하다. 우선 마트에 들러 제가 먹고 싶은 걸 사야겠다고 생각할 테지. 또 무엇보다도 하빠랑 같이 걸으면서 다정하게 말을 섞고 싶어서다.

늘 하던 대로 길가의 온갖 풍경들에 일일이 간섭을 한다. 강아지풀은 왜 그렇게 이름을 붙였느냐는 둥 시시콜콜한 이야기로 자꾸 할아비의 입을 열어보려고 한다. 대답이 마땅찮으면 열 번이고 스무 번이고 자꾸 반복해서 묻곤 하니 아이의 궁금증을 풀어주려면 여간 신경이 쓰이는 게 아니다.

한참을 걷다 보니 제 아비의 집 근처에 다다랐다.

"유수야, 이 아파트가 너희 집이잖아?"

"아니야, 여기는 다른 아파트야."

아이는 지금 의도적으로 제집을 제집이 아니라고 말하고 있다. 그건 거기에 가고 싶지 않아서 하는 아이만의 말투다.

한참을 걷다 보니 또 늘 하던 버릇이 되살아난다.

"하빠, 차를 타고 올 걸 그랬네?"

이 말은 다리가 아프니 하빠 등에 업히고 싶다는 걸 에둘러 나타내는 말이다.

"다섯 살이나 먹은 언니가 업히면 사람들이 흉보잖아?"

"아니야, 다섯 살은 아직 아가야!"

입씨름으로는 도저히 아이를 당해낼 수 없다. 할아비는 쪼그려 앉았고 아이는 얼른 할아비 등에 달라붙는다. 날씨도 무덥고 몸도 찌뿌드드한데 아이까지 업히니 참 난감하다. 업힌 저도 조금은 미안한지 제 행동을 합리화하려고 한마디를 덧붙인다.

"하빠, 방금 어떤 아줌마랑 오빠가 지나가면서 날 보고 아무 말도 안 하던데?"

할아비 눈에는 언제 봐도 아이의 하는 짓이 귀엽기만 하다. 아이의 기분을 살살 긁어주어야겠다.

"유수야, 우리 마트에 갈까?"

"응, 좋아."

아랫동네 마트에 이르렀다. 아이는 마트로 가지 않고 단골인 요구르트 파는 아줌마의 수레로 달려간다.

"이걸 먹으면 황금색 똥이 나오지, 응?"

아이는 물건 하나를 사도 꼭 그에 어울릴 것 같은 이유를 둘러댄다.

"하빠, 이번에는 빵을 사줘?"

"그래, 마트로 가자."

"아니야, 나는 저기 저 빵집으로 갈 거야!"

아이가 먹고 싶은 다른 빵이 있는 모양이다. 또 아이를 따라 그 빵집으로 끌려갔다. 아이의 눈을 사로잡은 것은 빵이 아니라 솜사탕이었다.

목욕탕에 가려던 계획도 멀어지고 아이에게 끌려다니는 꼴이라니…….

허허 참!

2016. 7. 16

나 좋은 꿈 꿨어요

유수는 지난밤에 소원풀이를 했다. 할머니도 언니도 감히 다가가서는 안 되는 제 짝인 할아비 곁에 꼭 붙어서 잠을 잤기 때문이다. 어제는 금요일이 아니었지만 유치원에 데리러 왔던 제 어미를 졸라대는 아이의 성화에 못 이겨 하빠 집으로 찾아든 것이다. 아이는 할아비가 출근하는 것도 모르고 늘어지게 잠에 빠져들었다. 아이가 잠을 푹 자는 걸 보면 할아비 마음은 한결 가벼워진다. 아이나 어른이나 잠을 잘 자야 피로가 가시고 하루를 맑은 정신으로 지내게 마련이다. 지금 제집에 있다면 진즉 일어나서 유치원 갈 준비를 하느라 정신없이 바쁠 시간이다.

새우처럼 웅크리고 자는 모습을 들여다볼 때마다 사랑스러우면서도 짠한 마음이 밀려드는 건 왜일까? 부모의 구박이 아무리 거세도 조금도 개의치 않고 할아비 품으로만 파고드는 저것의 마음은 도대체 어떻게 생겼을까? 아이의 자는 모습을 스마트폰에 담아두었다.

아이는 눈을 뜨면 안 보이는 하빠부터 찾을 것이다. 아이와 눈을 마주치지 못한 채 출근한 할아비도 아이가 궁금하기는 마찬가지다. 할미도 이런 할아비의 마음을 익히 짐작하는 터라 퇴근하자마자 아이의 동태를 들려줬다.

역시 일어나자마자 할아비부터 찾더란다.

"하빠는 어디 갔어?"

"응, 돈 벌러 갔지."

"나한테 맛있는 거 사 줄려고?"

"그럼."

"그런데 할머니, 나 좋은 꿈 꿨어요."

"무슨 꿈인데?"

"음, 발레학원 가는 꿈이야."

"우리 유수가 언니처럼 발레를 배우고 싶구나?"

"그래 맞아. 또 다른 꿈도 꿨어."

"뭘까?"

"대명 콘도 가서 맛있는 것도 먹고 물놀이하는 거야."

아이는 제가 하고 싶은 걸 꿈꾸었다고 말하고 있다. 아마도 아이는 잠에서 깰 무렵 비몽사몽 간에 그런 생각을 했는지도 모른다.

2016. 7. 22

올챙이의 꿈

형아는 상어
아빠는 구름
엄마는 비
나는 올챙이

상어는 바다에 살아
구름은 하늘에서 살아
비는 구름 속에
올챙이는 물속에
꼬물꼬물 하면서

아빠는 구름
엄마는 비야
비는 구름에 살지
비는 뚝뚝 내려

물속엔 내가 살아
꼬물꼬물
너는 개구리가 됐어?
아니, 올챙이!

―이담(2013. 11. 13 일생으로 만 세 살에서 넉 달쯤 모자란다. 시의 제목은 외할애비가 붙였다.)

오늘 '카카오톡'에 찍힌 딸의 문자메시지다. 딸은 시도 때도 없이 카카오톡에 사진과 글을 띄운다. 대개 제 아이들의 근황이다. 겸이가 시험에 100점 맞은 것이거나 담이가 귀여운 짓을 하는 모습이다. 나의 네 번째 손자인 외손자 담이는 지금 네 살이다.

가장 어린아이라서 그런지 모든 게 늦된 것 같고 성격도 괴팍스러운 데가 많다. 잠시도 어미의 치마끈을 놓지 않으려고 보채서 제 어미 속을 무던히도 태우는 녀석이다. 밤마다 몇 차례씩 자다 소리를 질러대는 통에 아이 돌보기에 시달려 늘 잠이 모자란 제 어미는 만성적 피로감에 시달린다. 이걸 지켜보는 외할애비마저도 늘 안타깝고 갑갑하게 만드는 놈이다.

그런데 세월이란 참 무섭다. 그렇던 아이가 말문이 트이고 누구와의 입씨름에서도 밀리지 않더니 드디어 시까지 읊조리기에 이르렀다. 제 형이나 사촌 누이들처럼 말 잘하고 생각이 여물어가고 있다는 사실이 꿈만 같다.

지금 네 살배기의 심리상태를 들여다본다. 제 사촌누이들처럼 같이 데리고 있는 시간이 그리 많지 않아서 정확한 진단을 하기가 쉽지는 않지만 아이의 마음속을 들여다본다.

우선 아이가 하나뿐인 제 형을 상어라고 상정한 것이 매우 흥미롭다. 잠시만 눈에서 벗어나도 늘 보고 싶은 형이지만 자매 사이와 달리 형제간이란 사랑 표현이 다소 거칠게 마련이다. 그래서 상어란 동물은 애니메이션에서 자주 보듯 악역으로 비쳐지는지 모르겠다. 또 형은 저보다 크니까 바다에 살고 저는 작아서 연못에 산다고 생각하는지도 모르겠다.

다음으로 아빠를 구름으로 표현했다. 이 아이에게 아빠라는 존재는 늘 어느 구석인지 조금은 아쉽고 그리운 대상으로 비쳐지는 것은 아닐까? 집보다는 연구실에서 지내는 시간이 압도적으로 많아 같이 잘 놀아주지 않는 사람이어서 해나 달처럼 밝은 면보다는 어두운 이미지가 더 어울리는 것이기 때문이리라.

그리고 엄마는 비라고 생각한다. 이 아이가 생각하는 이상적인 모습은 단란한 가정일 것이다. 그런데 이 집은 가족 구성원이 제대로 갖춰지지 못한 아쉬움을 말하고 있다. 가장의 부재 속에 늘 드센 두 아들에게 시달리며 고군분투하는 어미에 대한 안타까움을 비로 치환한 것은 아닐까?

끝으로 자신은 올챙이라고 정의한다. 올챙이는 개구리보다 작지만 훨씬 더 역동적인 성격이 강하다. 한시도 가만히 있지 못하고 쏘다녀야 직성이 풀리는 어린아이를 나타내고 싶었을까?

아이는 영락없이 네 살짜리 개구쟁이지만 서서히 생각이 자라가고 있다는 조짐을 엿볼 수 있다. 보는 사람이 어지러울 정도로 천방지축 뛰어놀다가도 가끔씩 멍하니 생각에 잠기는 모습도 보인다. 저 어린 것이 무얼 저리 골똘히 생각하고 있을까? 그동안 쌓이고 쌓인 의구심들이 오늘에야 조금 짐작된다.

2016. 7. 24

왜 자꾸 이랬다저랬다 해요?

조금 일찍 방학을 한 외손자들이 또 외가를 찾아왔다. 학교나 유치원이 방학을 하면 우리 집은 작은 유치원을 방불케 한다. 외손자와 친손녀 네 녀석들의 신나는 놀이터다. 아이들이 저리도 좋아하니 감히 누가 말릴 수 있으랴!

내자도 나도 이젠 아예 녀석들의 놀음에 맞장구를 쳐주는 수밖에 도리가 없다. 그놈들의 높아지는 목소리와 격한 몸놀림에 누군가 제지를 하려 해도 전혀 씨도 먹히지 않는다. 그저 모른 척 넘어가 주는 게 가장 속 편한 일임을 뒤늦게 알아차리게 되었다.

질펀한 놀이터는 아무리 치워도 도저히 감당이 안 되니 판이 끝날 때까지는 그냥 어질러진 상태로 두고 바라볼 수밖에 없다. 또 목소리를 높여봐야 간섭하는 사람의 입만 아프게 마련이고 야단맞는 아이들이 받을 스트레스도 걱정이니 느긋하게 지켜보는 게 상책이다.

아이들은 대개 정신없이 뛰어다니다 지치면 텔레비전 시청에 푹 빠지는 게 그다음 순서다. 이때는 굳이 누가 간섭할 필요도 없다. 너무 오래 시청하면 눈에도 자세에도 좋을 리가 없으니 걱정이다. 그런데 이걸 자제시키는 것이 만만치 않다.

다섯 살배기 유수는 텔레비전 채널을 능숙하게 조작하는 수준이고 네 살짜리 담이도 한창 맛을 들여서 어지간한 프로그램의 내용은 다 숙지하고 있다. 그래서 제가 보고 싶어 하는 프로그램만 보려고 한다.

아이들이 노는 데 정신이 팔린 사이에 어른들이 보는 프로그램으로 얼른 채널을 돌려놓았는데 뒤늦게 이걸 알아차린 담이 녀석이 정색을 하고 외할미에게 항의를 한다.

"할머니, 아까 본 거 틀어주세요."

"텔레비전이 고장 났어. 그래서 아가들 보는 건 안 나오는 거야. 알았지?"

"할머니는 왜 자꾸 이랬다저랬다 해요?"

아이는 할미가 이걸 알아주지 않아서 서운하다는 걸 표현하고 싶었다. 조금 전까지는 분명히 어린이 프로그램을 봤는데 왜 지금은 안 되는 거냐고 항의하는 아이가 귀엽고 재미있어서 할미의 웃음은 멈출 줄 모른다.

2016. 7. 26

나 아까부터 눈뜨고 있었어

손녀들은 월요일부터 내리 닷새 동안 하빠 집에서 지내고 있다. 방학을 맞은 제 어미가 서울과 천안에서 계속 강습을 받고 있기 때문이다. 그게 아니라도 학교와 유치원이 방학이면 자연스레 우리 집에서 지내게 마련이다. 아이들에겐 이때가 가장 신나는 기간이다.

더구나 요새 할아비 친구가 보내준 비닐로 만든 물놀이통이 생겨서 하루에도 몇 차례씩 물속에 들어가 시원하게 지낼 수 있으니 아이들이 이 집을 벗어나지 않으려는 그럴싸한 이유가 하나 더 생겼다.

실은 물놀이통도 유지 관리하기가 그리 만만치는 않다. 한여름 따가운 볕을 그대로 쬐게 한다면 아이들의 연약한 피부가 상하기 십상이므로 그늘이 있는 집 앞 발코니에 설치하기로 했다. 또 땀을 뻘뻘 흘려가면서 비닐주머니에 바람을 넣는 수고는 기본이고, 마당에 있는 시원한 지하수를 담아주고, 물이 너무 차면 감기에 걸리겠기에 따뜻하게 데운 물도 섞어주어야 한다. 또 소독을 위해 소금도 적당히 뿌려주어야 한다. 더 중요한 것은 아이들이 물통에서 노는 동안 안전을 위해 어른들이 가까이에서 지켜보는 것이다.

우리도 어린 시절 익히 경험했듯이 정신없이 물놀이를 하고 나면 왜 그리도 피로가 몰려오고 뱃속이 출출한지. 이럴 때면 아이들은 평소보다 더 일찍 잠자리에 든다. 잘 놀던 유수는 원체 피곤한지 저녁밥도 거른 채 초저녁부터 잠에 빠져들었다.

새벽 네 시쯤이었다. 아까부터 어둠 속에서 뒤척이던 유수가 할아비를 흔들어 깨운다.

"하빠, 배고파요!"

나는 반사적으로 일어났다. 아이를 안고 부엌으로 달려갔다. 이 밤중에 반찬도 마땅찮아 찬물에 밥을 말아서 먹였다. 허겁지겁 밥술을 떠 넣는 아이가 왜 이리도 처량하게 보이는지 눈물이 나올 뻔했다.

아이는 허기를 채우고 나자 할아비 마음을 콕콕 찌르는 말을 털어놓는 게 아닌가?

"하빠, 나 아까부터 눈 뜨고 있었어……."

아이는 진즉 잠이 깼지만 한밤중에 할아비를 깨우는 게 미안해서 한참을 망설였다는 이야기를 하고 있지 않은가? 저 어린 것이 배고프고 미안한 걸 참아내느라 얼마나 힘이 들었을까?

아이는 쉬까지 하고 나서 다시 할아비 옆에 누웠다. 아이도 할아비도 이미 잠은 달아나고 말았다. 옆 침대의 할미와 언니는 세상모른 채 꿈속을 헤매고 있다. 잠이 안 오는 아이는 할아비와 말을 섞고 싶어 목소리를 낮춰 속삭인다.

"하빠, 아침이야! 창문이 훤해요."

"유수야, 할머니랑 언니가 깰라. 우리 조용히 이야기하자, 응?"

고사리손을 꼭 쥐어주었다.

2016. 7. 30

8월

· 하빠한테 선물이야!
· 하빠 얼굴을 잊어버리게 생겼는데…….
· 자매의 초대장
· 나 일곱 살이야!
· 하빠, 움직이지 마!
· 나도 힘들어요

하빠한테 선물이야!

"하빠한테 선물이야!"

유수가 작은 색종이 오린 것 여섯 개를 선물이라며 내놓는다. 색종이에다 하트 모양, 별 모양, 나비 모양, 꽃 모양 등 다양한 형상으로 밑그림을 그리고 어쩌면 이리도 정교하게 오렸는지 입이 다물어지지 않는다.

다섯 살 아이가 가위를 다루는 것이 위험하고 그리 만만치 않을 텐데……. 더구나 이런 예쁜 걸 만들 때마다 가장 먼저 할아비에게 보여주고 싶어 하는 아이의 마음이 얼마나 곱고 사랑스러운가?

아이들은 유독 공작에 소질이 있어 보인다. 틈만 나면 가위로 종이를 오리거나 종이접기를 하고 뭔가 만들기를 좋아한다. 그래서 집 안 구석구석에는 늘 종이 부스러기가 굴러다니는 게 익숙하다. 어질러놓는다는 할미의 꾸지람을 의식했는지 요새는 놀고 나면 꼭 뒷정리도 야무지게 하는 모습이 귀여워 죽겠다.

겨우 다섯 살밖에 안 된 작은아이가 가위를 능숙하게 다루는 걸 볼 때마다 탄복하지 않을 수 없다. 아이들은 물론 어른들도 가위 따위를 서투르게 다루는 사람들을 보면 입을 씰룩거리거나 어색한 동작을 취해서 보는 이들에게 웃음을 선사하기도 하는데 우리 집 아이들은 전혀 그런 어설픈 구석이 없고 얼마나 의젓한지 모른다. 야구에서 잘 못 던지는 투수들은 얼굴 표정에서부터 자신감이 없어 보여 실수를 연발한다. 이들과 달리 위기 상황에서도 돌부처처럼 의연하게 잘 던지는 선수와는 얼마나 대조적이던가?

사실 우리 집안의 유전자 중에 뛰어난 손재주가 면면히 흐르고 있음을 나는 잘 알고 있다. 조부께서는 그 대표적인 분이다. 아버지나 아들과 딸에게서도 그 솜씨가 엿보인다. 옛날에는 요즘처럼 예식장에서 결혼식을 치르지 않고 집 마당에서 예식을 올렸다. 이때 필수적으로 잔칫상에 오르는 것이 마른 문어나 오징어를 잘 오려 만든 예물이었다. 우리가 사는 근동에서 이걸 만들 수 있는 분은 오로지 우리 할아버지 한 분뿐이었다. 그래서 결혼식이 자주 열리는 겨울철이면 주문이 밀려들었다.

그때 손자들은 할아버지 곁에 옹기종기 모여 잔심부름을 하며 할아버지를 거들었다. 할아버지의 그 신묘한 손재주를 감상하면서 할아버지가 얼마나 자랑스러웠던지 모른다. 평소에는 근엄해서 다가가기도 어려웠지만 이때만큼은 심부름을 핑계로 할아버지와 한껏 가까이에서 다정한 이야기를 나누었던 기억이 새롭다.

그 무렵 할아버지 수고의 대가(代價)야 늘 좋아하시는 막걸리 몇 사발이면 그만이었다. 그때 할아버지는 집에 있는 손자들 생각에 술 안줏감을 아껴 과자나 전 따위를 종이에 싸서 주머니에 담아오셨다. 거나하게 취해 집에 돌아오시면 그것부터 꺼내놓으심으로써 손자들에 대한 애틋한 사랑을 그렇게 대신하셨다. 또 손자들은 은근히 그런 할아버지를 기다리기도 했다.

나는 어린 시절부터 늘 한 가지 의문을 품어왔다. 할아버지나 아버지는 손재주가 뛰어나신데 왜 나는 그런 방면에 전혀 소질이 없을까? 그렇게 30년을 살았는데 난데없이 아들과 딸에게서 그 유전자가 되살아난 것이다. 격세유전, 참으로 신비로운 현상이 아닐 수 없다. 그리고 또 한 세대가 흘러 손자들에게서도 어김없이 그런 조짐이 드러나고 있다.

이제는 못내 아쉽고 진한 그리움으로만 남아 다시는 만날 수 없는 혈육의 정을 귀여운 손자들이 이어주고 있다.

2016. 8. 5

하빠 얼굴을 잊어버리게 생겼는데…….

회사에 도착한 지 얼마 지나지 않았는데 내자의 전화가 날아왔다. 지금 이 시간에 아이들에게 무슨 일이라도 생긴 것일까 궁금해서 얼른 전화를 받았더니 할미의 목소리에 웃음기가 배어 있어 이내 마음이 놓인다. 작은아이의 동정이었다.

아침마다 며느리는 출근길에 아이들을 우리 집에 맡긴다. 그 이후에는 할미가 아이들을 학교와 유치원에 데려다준다. 이 시간대에 나는 회사에 출근하느라 아이들과는 엇갈려서 얼굴을 마주치지 못한다. 작은아이를 못 본 지 겨우 이틀밖에 안 되었는데 아이는 집에 들어서자마자 할아비를 못 만난 아쉬움을 이렇게 토로하더란다.

"하빠 얼굴을 잊어버리게 생겼는데 엄마가 안 데려다줘……."

그러면서 집안 출입구에 걸린 할아비 사진을 정성스레 쓰다듬더란다.

"하빠, 하빠, 내 하빠야!"

이걸 지켜본 할미는 아이가 짠해서 바로 결심을 했다고 한다.

"오늘은 아이를 유치원에 안 보내고 하루 종일 데리고 있어야지!"

사실 작은아이는 조부모와 함께 있으면 어리광이 무척 심하다. 끊임없이 말을 걸고 먹을 것을 요구한다. 대꾸가 없으면 짜증을 부린다. 할미는 늘 아이에 대해 이렇게 얘기하곤 한다.

"참 귀여운데 너무 힘들게 해서……."

그런 할미도 오늘은 기꺼이 아이랑 같이 놀아주기로 마음을 굳혔던가 보다. 지난 주 내내 하빠 집에서 같이 지낸 여운이 지워지지 않은 탓인지 열흘 동안의 방학이 끝나자 아이는 무척 힘들어했다. 유치원에 가기 싫다는 말을 자주 입에 올리는 게 안쓰럽다.

큰아이는 아직도 방학이다. 매일 1시간씩 방과후 교실에 나가 공부하고 피아노 학원에 다녀오는 것 말고는 대부분을 하빠 집에서 지낸다. 크게 말썽 피우는 일도 없고 조용히 텔레비전을 보거나 그림 그리기와 공작놀이를 주로 한다.

할미는 큰아이를 볼 때마다 애잔한 마음을 감추지 못한다. 드센 동생에게 치여 기를 펴지 못하는 아이가 짠해서 자주 껴안아주면서 하는 말이 있다.

"할미는 우리 휘수가 제일 예뻐!"

그러면 아이도 그런 할미 말을 재확인하곤 한다.

"유수랑 나중에 누가 더 예뻐?"

"물론 우리 휘수가 더 예쁘지. 유수는 그다음이고……."

할미는 뭘 잘 먹지 않는 손녀가 걱정이 돼서 아이를 어른다.

"아가, 음식은 골고루 잘 먹어야 병도 안 생기고 키도 커지고 얼굴도 예뻐지는 거야. 뭘 먹고 싶니?"

며칠 전에는 아이가 할미를 졸라댔다. 난데없이 꽃게가 먹고 싶다고 했다. 요새 꽃게가 잘 나지 않아서 금값이라고 야단인데 말이다. 할미는 아이가 좋아하는 음식이 있다고 하니까 귀가 번쩍 띄어 꽃게 음식점을 찾아가는 수고도 마다하지 않았다.

또 언젠가는 아이가 할아비 귀에 대고 가만히 속삭이기도 했다.

"하빠, 팥빙수 사주세요."

아이가 먹으면 얼마나 먹을까마는 지금 아이가 그런 이야기를 꺼낸 심리를 할아비가 모를 리가 없지. 아이는 굳이 팥빙수가 아니라도 좋다. 분위기 있는 제과점에서 할아비와 마주 앉아 오순도순 이야기를 나누고 싶은 게지.

말괄량이 동생이 없는 사이에 온전히 할미 할아비 사랑을 독차지하고 어리광을 실컷 부려보고 싶겠지.

2016. 8. 12

자매의 초대장

자매가 책상에 마주앉아 뭔가를 열심히 만들고 있다. 가까이 다가가 노는 양을 들여다본다. 언니는 동생이 시키는 대로 군소리 없이 따르고 있었다. 글자를 모르는 동생이 불러주면 언니는 가로 5㎝ 세로 8㎝ 정도 되는 노란색 메모지(포스트잇)에다 이렇게 열심히 쓰고 있었다.

"초대장

초대할 게요

하빠"

초대장은 똑같은 양식으로 하빠, 할머니, 아빠, 엄마 등 우리 가족들에게 보내는 것이었다. 한 가지 특이한 것은 떵할아버지에게 보내는 초대장이다.

"초대장
떵할아버지
초대 못 해서 죄송해요"

아마도 떵할아버지는 지금 당장 불러오기가 곤란할 것으로 생각하고 그렇게 썼던 모양이다. 아이들의 발상이 참 재미있다.

그러고 보니 거실 한쪽에 근사한 잔칫상이 차려져 있다. 펼쳐놓은 보자기 위에 온갖 장난감들이 잔뜩 놓여 있다. 그릇 위에 음식을 차려놓은 것처럼 진수성찬이다. 지금 아이들은 잔칫상을 차려놓고 저희들이 좋아하는 사람들을 초대하고 싶었던 것이다. 자나 깨나 가족 사랑으로 그득하고 그걸 실천하려는 아이들의 고운 마음이 눈물 나게 가상하다.

2016. 8. 13

나 일곱 살이야!

아이의 부모들은 내일부터 휴가라고 한다. 친한 친구 몇 가족들과 함께 거제도에서 2박3일 동안 지내기로 했단다. 단 하루만 떨어져 있어도 보고 싶어 안달이 나고 마는 손녀들과 할아비다. 며칠 동안 손녀들을 못 볼 우리를 위해 아들은 휴가 출발을 앞두고 인사차 들렀다. 큰아이는 물놀이할 생각에 마냥 신이 났지만 작은아이는 심드렁한 표정이다. 심지어는 이번 여행에 노골적인 불만을 토로하기까지 했다.

"한밤만 자고 오지 왜 두 밤이나 자는 거야?"

두 밤을 자면 하빠를 빨리 볼 수 없다는 계산을 하고 있었나 보다. '하빠 바라기' 아가는 매사를 하빠와 같이 지낼 시간을 기준으로 삼는다.

하빠 집에 들른 아이는 오늘 밤에도 하빠와 자겠다고 떼를 썼음은 물론이다. 내일 아침 일찍 출발해야 하니까 오늘 밤엔 엄마 아빠랑 자야 한다고 겨우 달래서 보냈다. 아이는 못 이기는 척 떠나면서도 기어이 하빠 등에 업혀서 차타는 곳까지 데려다 달라고 했다.

아이들은 며칠 전에 갔던 물놀이장의 매력에 푹 빠져서 오늘도 그곳을 찾아갔었다고 한다. 유례없는 무더위에 아랑곳하지 않고 아이들이 즐길 수 있는 곳이 있다는 게 얼마나 다행스러운가?

여름철 아이들에게 물놀이만한 즐거움이 어디에 또 있을까? 큰아이도 물놀이를 좋아하지만 작은아이는 다들 겁내는 놀이기구에도 쉬이 적응한다.

물놀이를 지켜보았던 아이 어미가 오늘 있었던 에피소드 한 토막을 들려주었다. 비좁은 고무튜브 위에 여러 아이들이 올라탔단다. 여럿이 타자 불편함을 느낀 유수가 일곱 살 먹은 남자아이에게 내려가라고 소리를 지르더란다.

"너는 내려가!"

저보다 나이도 어린 애가 하대를 하자 기분이 상한 그 아이가 유수를 향해 볼멘소리로 대꾸하더란다.

"야, 너 몇 살이야!"

어른이나 아이나 상대편 기죽이기에 그만인 무기가 나이를 들먹이는 것이라는 건 널리 알려진 사실인가 보다. 그러자 재빠르게 유수의 통쾌한 반격이 날아가더란다.

"응, 나 일곱 살이야!"

이 소리를 들은 그 남자애가 슬그머니 꽁무니를 내빼더란다.

겨우 다섯 살배기 아이가 이렇게 뛰어난 순발력과 임기응변을 발휘하다니 도대체 요 녀석이 무엇이 되려고 이러는지 모르겠다.

2016. 8. 14

할빠, 움직이지 마!

대개 아침마다 작은아이는 출근하는 제 어미 손에 이끌려 일단 할아비 집으로 찾아온다. 그런 다음 한참을 기다렸다가 다시 할미나 할아비가 유치원에 데려다준다. 아이들이 너무 일찍 유치원에 등원하면 유치원에서 싫어하기 때문이다. 오늘은 마침 나도 휴가 중이어서 집안에 있었다.

할아비도 집에 있으니 아무래도 아이는 유치원에 가기 싫어하는 눈치가 역력하다. 유치원에 갈 시간이라며 여러 차례 독촉을 해보지만 이런저런 이유를 대며 등원을 머뭇거린다. 아침부터 목욕을 하고 싶다고도 하고 할아비와 놀고 싶다고도 하며 최대한 시간을 끌고 있다.

그러더니 그럴싸한 구실을 하나 찾아냈다. 책상 앞으로 다가가더니 그림을 그려야겠다고 눌러앉는다. 그림을 그리고 있으면 어른들이 차마 말리지 못하리라 생각한 모양이다.

슬금슬금 곁눈질로 어른들의 눈치를 살피는 아이의 마음이 훤히 드러난다. 영악한 아이는 제 마음이 들킨 걸 감지했는지 이내 진지한 표정으로 바뀌었다. 그리고는 한술 더 떠 그걸 합리화시키느라 그럴싸한 말까지 덧붙였다.

"하빠, 움직이지 마!"

아이는 지금 할아비의 초상화를 그리고 있다. 제법 진지한 눈매가 할아비 얼굴과 종이 위를 왔다 갔다 한다. 드디어 멋진 할아비 초상화가 완성되었다.

"자 하빠한테 선물이야! '하빠의 육아일기'에 넣어 줘! 알았지?"

뒤늦게 동생의 그림 이야기를 들은 언니가 은근히 샘이 났던 모양이다.

"하빠, 나하고 유수 그림 중에서 누가 더 잘 그렸어?"

"그야 물론……. 둘 다 잘 그렸지."

"아니, 하나만 골라야지? (목소리를 낮추며) 나한테만 말해봐."

"언니가 훨씬 더 잘 그리지. 네가 동생한테도 잘 가르쳐줘야 된다?"

"알겠어요."

2016. 8. 23

나도 힘들어요!

무더위가 끝난다는 기상예보가 여러 차례나 헛짚더니 드디어 그 지루하던 무더위도 슬그머니 물러났다. 대자연의 흐름이란 누가 안달한다고 해서 결코 바뀌지 않는다는 걸 왜 사람만 모를까? 오늘은 한바탕 소나기가 지나간 뒤라 그런지 한결 더 시원해졌다.

지금은 일요일 오후다. 바로 조금 전까지만 해도 네 아이들 떠드는 소리로 귀가 먹먹했었는데 다시 절간 같은 일상으로 돌아왔다.

거의 주말마다 치르는 일이지만 잔뜩 어질러졌던 장난감을 치우고 나면 또 한 주가 지나간 것을 실감한다.

우리 집의 생활 리듬은 거의 아이들이 좌우한 지 이미 오래되었다. 네 녀석들이 모이면 어른들의 통제가 거의 통하지 않는다. 그저 구김살 없이 실컷 떠들고 뛰어놀게 내버려 두는 게 서로를 위해 적절한

양육방식인 것 같다.

외손자들의 외가 나들이는 거의 매주 반복되고 있다. 사람이란 자주 만나면 정이 도타워지게 마련이다. 작은 외손자 담이는 어찌나 붙임성이 좋아졌는지 차에서 내리자마자 외할아비를 찾는다.

"하빠는?"

아이가 외할아비를 부르는 호칭은 제 사촌누이들처럼 '하빠'다.

이제 '휘수 하빠'라는 호칭은 잘 사용하지 않는다. 그만큼 외할아비와 가까워졌다는 증좌다. 이제 자연스레 할아비 무릎에도 앉고 능청스럽게 할아비 팔 베게에 눕기도 한다.

어제는 할아비에게 한껏 다정한 말투로 장난감을 사달라고 졸랐다.

"하빠, '카봇' 사주세요!"

"그걸 어디에서 파는데?"

"○○마트에서 팔아요."

아이를 데리고 장난감 파는 곳을 찾아갔다. 제 어미는 자꾸 싼 걸로만 고르는데 녀석은 비싼 장난감이 진열된 곳에서 눈을 떼지 않는다. 아이의 속이 궁금해서 진열된 그 많은 장난감들의 이름을 물어봤더니 신기하게도 대부분을 알고 있었다. 겨우 네 살배기가 그걸 꿰고 있다는 사실에 깜짝 놀라고 말았다.

집에 돌아와 장난감을 능숙하게 조립하는 걸 보고 또 한 번 놀랐다. 제 사촌누이들이야 로봇에는 거의 관심이 없는데 사내아이라서 그런지 역시 노는 차원이 한참은 다르다. 할아비에게 조립하는 걸 도와달라고 한다.

"하빠, 이것 좀 도와주세요."

"하빠는 잘 모르겠는데?"

나는 원래 기계치에 가까운 사람인데다 요즘 아이들 장난감은 도통 만지는 데 서툴기만 하다.

"담아, 하빠는 안 되겠다. 네가 더 잘하잖아?"

"나도 힘들어요!"

아이는 힘들이지 않고 힘들다고 말한다. 이게 어디 네 살배기 아이의 말이라고 곧이듣겠는가? 어른들끼리 하는 대화와 무엇이 다른가?

2016. 8. 28

상하농원

9월

- 내 동생을 소중하게 생각하니까
- 우리 집 보물
- 뱃속에서도 나는 다 알고 있었어!
- 곶감이야!
- 누가 더 예뻐?

내 동생을 소중하게 생각하니까

오늘은 아이들이 가장 좋아하는 토요일이다. 어젯밤 할아비 곁에서 늘어지게 잘 잔 아이들은 아침 일찍부터 거실로 나가 텔레비전을 본다. 텔레비전 시청을 말리는 부모가 없으니 아이들의 표정이 한결 여유롭다. 두 손으로 무릎을 감싸고 소파에 앉아있는 자매의 자세가 어쩌면 저리도 똑같은지 절로 웃음이 피어오른다.

아침 운동을 하고 돌아왔더니 아이들이 거실 책상에 마주앉아 뭘 열심히 만들고 있다. 작은아이가 종이에다 예쁜 꽃을 그리더니 색칠을 하고 정성스럽게 가위로 오린다. 뭐냐고 물었더니 엄마 생일 선물이라고 대답한다. 내일이 제 어미의 생일이다.

이윽고 엄마의 생일 선물을 화제로 자매의 다정스러운 대화가 오간다. 작은 녀석이 먼저 입을 열었다.

"언니는 엄마 생일 선물로 뭘 할 거야?"

"음, 조금 더 생각해 보고……."

"엄마는 아름다운 걸 좋아하니까 나는 꽃을 선물할 거야. 언니도 엄마가 소중하게 여기는 거로 해야 돼, 알았지?"

"그래, 알았어. 으음……. 엄마는 내 동생을 소중하게 생각하니까 너를 선물하고 싶어!"

"뭐야, 언니 너?"

자매는 서로 껴안고 한바탕 웃음보를 터뜨렸다. 청량한 초가을 기운이 감도는 아침에 재치 넘치는 자매의 웃음소리가 산골 마을에 울려 퍼진다.

2016. 9. 3

우리 집 보물

여자 아이들이라서 그런지 우리 집에는 인형이나 주방기구 또는 온갖 액세서리들이 장난감의 주류를 이룬다. 외손자들이 주로 자동차나 로봇 종류를 좋아하는 것과는 너무도 대조적이다.

따라서 노는 것도 크게 차이가 난다. 외손자들은 격한 몸짓으로 집안을 휘젓고 다니는 데 반해 손녀들은 조용히 마주앉아 아기자기한 소꿉놀이를 하는 경우가 많다. 물론 넷이 다 모이면 덩달아 요란스럽게 떠들곤 하지만.

유수가 플라스틱으로 만든 모조품인 팔찌와 목걸이들을 늘어놓는다. 마치 소중한 진품이라도 된 양 조심스럽게 다루는 모양이 귀여워 죽겠다. 그걸 목과 팔에 끼워보는 몸짓이 천생 여자다. 평소에는 얌전한 제 언니와 달리 말괄량이지만 커가면서 여성스러워지는 걸 보면 얼마나 귀엽고 사랑스러운지 모른다.

“하빠, 할머니, 우리 집에는 보석도 있지요?”

“암, 있고말고. 우리 집에는 세상에서 제일 소중한 보석이 둘씩이나 있지!”

할미의 말에 아이들이 의아한 표정을 짓는다.

“진짜로 보석이 있어요?”

“그럼. 바로 휘수랑 유수가 보물이지! 할머니 할아버지는 너희들이 제일 훌륭한 보물이야!”

사랑스러운 보물들을 꼭 안아주었다.

2016. 9. 7

뱃속에서도 나는 다 알고 있었어!

어제도 같이 지냈지만 또 보고 싶은 놈들이다. 할미는 아이들 치다꺼리가 너무 힘들다고 푸념하지만 나는 보고 싶은 마음을 누를 수가 없다. 헬스장 다녀오는 길에 유치원에 들러 유수를 데려왔다. 제 언니가 그랬듯이 요 녀석도 할아비와 손잡고 걷는 이런 시간을 참 좋아한다. 저수지 둑길을 걷는 내내 아이의 입은 잠시도 가만히 있지 않았다. 아이의 얼굴에 흘러넘치는 이 행복감을 누구라도 금방 읽을 수 있겠다. 또 아이의 입에서 터져 나오는 저 말 좀 들어보라.

"하빠, 나는 뱃속에서도 다 지켜봤거든. 하빠가 나를 예뻐하는 걸 다 알고 있었다고!"

"그랬구나! 어떻게 그걸 알았지?"

"하빠가 그랬잖아? '예쁜 아가야, 어서 나와라.'"

"맞아. 하빠가 그렇게 말했단다."

어쩌면 이리도 예쁜 놈이 예쁜 말만 이렇게 골라서 하는지 몰라.

저녁 무렵이 되자 아이의 아비가 데리러 왔다. 큰 녀석은 아무런 저항도 없이 아비를 따라 나서지만 작은놈은 얼른 할아비 품으로 안겨 버린다. 이런 녀석이 귀여워서 할미가 아이를 놀린다.

"유수야, 너 왜 아빠를 안 따라갔어?"

"응, 나는 할머니가 좋아서……."

아이는 할미 목에 팔을 감으며 콧소리로 애교를 떤다.

아비와 언니가 제집으로 돌아가자 작은아이는 부리나케 안방으로 달려들더니 텔레비전을 켠다. 이제 아비 눈치 안 보고 제가 좋아하는 프로그램을 볼 수 있으니까.

"한 번만 더 보고 잘게."

아이는 이 약속을 몇 차례나 어긴 끝에 잠자리에 들었다. 잠들기 전 아이가 할아비 귀에 대고 속삭였다.

"하빠, 내일은 유치원에서 송편을 만들 거야. 예쁘게 만들어서 다섯 개는 먹고 다섯 개는 하빠 갖다 줄 거야."

아이는 열 개를 나타내느라 양 손바닥을 펼쳤다. 열 개란 숫자는 지금 아이가 셀 수 있는 가장 큰 단위이다.

2016. 9. 11

곶감이야!

추석 연휴중이라 손주들 넷이 우리 집으로 다 모였다. 여덟 살 동갑내기들이 저희들끼리만 어울리자 다섯 살 유수는 자꾸만 혼자 겉돌았다. 평소에 그렇게도 동생의 뜻을 잘 받아주던 언니지만 제 사촌오빠만 오면 동생이 안중에 없다. 아무리 같이 놀아달라고 매달려도 언니와 오빠는 노골적으로 귀찮아하며 밀쳐낸다. 그러면 짜증이 난 유수가 언니와 오빠를 졸졸 따라다니며 둘이 노는 데에 훼방을 놓곤 한다.

멋모르는 네 살배기 담이는 눈치 없이 형과 누이들이 노는 곳을 기웃거리다 쫓겨난다. 엄마와 형만 바라보던 제집과는 달리 여럿이 모이는 것 자체만으로도 그 애에게는 신나는 일일 것이다. 왕따 당하고 금방 울 것 같던 얼굴의 유수가 드디어 돌파구를 찾아냈다.

"하빠, 우리 산책하자, 응!"

밖에는 실비가 부슬부슬 내리는데.

"유수야, 지금 비 오니까 다음에 가면 안 될까?"

"우산 쓰고 장화 신으면 되지. 유치원까지만 갔다 오자, 응?"

애교덩어리가 이렇게 매달리면 할아비는 당해낼 재간이 없다. 큰 녀석들에게 따돌림당하는 아이가 안쓰럽기도 하다. 이런 아이의 기분을 풀어주어야 다른 녀석들의 평화도 깨지지 않는다.

할아비와 손잡고 산책을 나서면 아무리 울적한 일이 있어도 아이의 기분은 일거에 확 풀리고 만다. 대문 밖을 나서기가 무섭게 쉴 새 없이 입을 놀리기 시작했다. 얼마나 신이 났는지 일부러 물웅덩이만 골라서 발걸음을 뗀다. 장화에 철벅거리는 감촉이 좋은지 말려도 잘 듣지 않는다.

유치원에 다다랐지만 아이는 약속대로 집으로 되돌아갈 마음이 별로 없는 것 같다. 아이의 발걸음은 집 쪽이 아닌 반대방향으로 향한다. 그리고 전혀 엉뚱한 이야기가 튀어나왔다.

"하빠 운동하는 데가 어디야?"

"응, 저기 저 큰길 건너편이야."

할아비야 아이의 마음을 훤히 들여다보고 있다. 지금 헬스장 이야기를 꺼내는 건 제 본마음을 감추느라 하는 소리다. 군사용어로는 이른바 성동격서(聲東擊西) 격이다. 아이는 제 단골 마트에 가고 싶어 슬그머니 엉뚱한 소리를 해본 것이다. 그래도 마트 이야기는 단 한 마디도 꺼내지 않았다. 녀석은 바로 이렇게 약은 놈이다. 이쯤이면 할아비가 다 알아서 마트로 데려가 주리라고 계산하고 있을 테니까.

아이가 어떻게 나오는지 지켜보느라 아이의 손을 잡아끌어 마트가 아닌 집 쪽으로 향했다. 명절 끝이라서 단 음식을 많이 먹었을 테니 되도록 과자류를 안 먹이고 싶어서다. 오늘은 웬일로 아이가 순순히 할아비를 따라 집으로 되돌아왔다.

혹시 마음을 바꿔 다시 마트로 가자고 할까 봐 얼른 화제를 돌렸다. 마침 손가락에 장난감 반지를 하나 끼고 있는 게 눈에 띄었다.

"유수야, 너 손가락에 반지를 끼고 있구나. 아가들은 그런 것 끼다 다칠 수도 있단다. 그러니 그걸 빨리 빼버리자."

"나 아가 아닌데?"

"너 업어달라고 할 때는 아직 아가라고 했잖아?"

"아니야, 나 유치원 소망 반이야!"

아이는 반지를 빼더니 할아비 호주머니에다 슬쩍 집어넣었다. 이런 아이가 귀여워서 할아비는 얼른 쪼그려 앉았고 아이는 기다렸다는 듯 할아비 등에 올라탔다.

"아니, 무엇이 할아비 등에 붙었지?"

"응, 곶감이야! 호호……."

어떤 말이 튀어나와도 막히는 법 없이 척척 대꾸를 하는 아이. 아이는 이 대목에서 재치 있게 '호랑이와 곶감' 이야기를 갖다 붙였다.

2016. 9. 17

누가 더 예뻐?

"아이가 너무 힘들게 해서 귀찮아 죽겠다"고 푸념하던 할미지만 발걸음은 어느새 작은아이의 유치원으로 향했던가 보다. 큰아이가 영어공부를 하느라 월요일이면 할아비 집으로 오는데 덩달아 작은 녀석까지 데려온 것이다. 작은아이가 언니 공부하는데 자꾸 끼어들려고 해서 데려오는 걸 꺼려 하지만 오늘은 할미도 작은아이가 어지간히 보고 싶은가 보다.

집안으로 들어서는 아이들의 목소리에 힘이 넘친다. 어떤 어리광을 부려도 다 받아주는 할미와 할아비가 있으니까 아이들에겐 천국이 따로 없을 게다.

저녁 무렵이 되자 퇴근한 아이들의 어미가 데리러 왔다. 둘 다 노골적으로 어미의 등장을 못마땅해 했다. 오늘은 큰 녀석까지 하빠 집에서 자고 가겠다고 버틴다. 마지못해 어미가 제안을 한다.

"하빠한테 승낙을 받아야지?"

작은아이가 쪼르르 할아비에게 달려온다. 할아비 승낙쯤이야 얼마든지 받아낼 자신이 있다고 생각할 것이다.

"하빠, 나 자고 가도 되지?"

"안 돼!"

아이는 다시 어미에게 달려가 결과를 보고한다.

"엄마, 하빠가 자고 가도 된대."

휘수는 이 시간을 노리고 있었던가 보다. 얼른 할아비 품으로 달려들며 목소리를 낮춘다.

"하빠, 하빠는 원래 나랑 이 침대에서 잤었지? 그런데 유수가 하빠랑 침대랑 다 빼앗아갔지? 하빠, 솔직히 유수랑 나 중에 누가 더 예뻐?"

"그야 물론 휘수가 제일 예쁘지, 너도 잘 알잖아?"

"왜 그래?"

"응, 너는 우리 집 장손이잖아? 너는 할아버지 첫 손자야!"

"그럼 유수는 안 예뻐?"

"물론 예쁘지. 그래도 늘 우리 휘수가 첫 번째야! 유수는 두 번째고."

이 아이의 가슴속에는 아직도 동생에 대한 시샘이 짙게 깔려 있구나!

2016. 9. 26

10월

4촌 오빠예요

오늘은 평일이지만 휘수네 학교가 쉰다고 한다. 사실 맞벌이하는 집에서는 이런 날이 달가울 리가 없다. 그나마 우리 집은 아이들을 맡아줄 든든한 조부모가 있으니 얼마나 다행인가? 할미는 이런 날을 벼르고 있었던 듯 벌써 계획을 세워놓았나 보다. 해마다 이맘때면 열리는 정읍 구절초축제장에 데려가야겠다며 아이보다 더 좋아한다. 그 또래 할머니들의 심리가 대개 그렇듯이 갑갑하던 차에 바람 쐬러 나갈 좋은 구실이 생긴 셈이다.

꼭 3년 전 딸의 생일에 큰 손녀를 데리고 그곳에 다녀왔던 적이 있었다. 그때 아이는 다섯 살이었는데 경사진 산길 걷기를 힘들어해서 거의 내가 업고 다니다시피 했었다. 또 그날 아이는 점심을 부실하게 먹어서 배가 고파 힘들어했던 기억도 새롭다. 아이에게 3년 전 걷던

길이며 배고파 허겁지겁 먹던 핫도그 이야기를 꺼내자 아이는 그걸 다 기억하고 있다.

더구나 오늘은 외손자 겸이도 같이 데리고 갔다. 아이들은 모처럼 4촌과 같이 하는 여행에 들떠서 오가는 내내 손을 꼭 잡고 걸었다. 그리고 쉴 새 없이 재잘거렸다. 무슨 할 말이 저리도 많을까? 듣는 사람이 숨이 찰 지경이다.

이윽고 아이들이 가장 기다리는 시간이 되었다. 아이들은 포장이 둘러쳐진 먹을거리 판매장을 만나자 경사진 내리막길을 정신없이 달려갔다. 아마도 휘수 혼자만 데려왔다면 이리 요란스럽지는 않았으리라. 아이들이란 둘 이상이 모이면 몇 배나 더 부산스럽게 마련이니까. 음료점도 찾고 3년 전 그 추억의 핫도그 가게도 찾아간다.

여행길에 아이들은 어느 전망대에 올라갔다. 곁에서 가만히 들으니 휘수와 다른 관광객들 사이에 오가는 소리가 들린다. 누가 묻지도 않았는데 휘수가 먼저 말을 꺼냈다.

"우리가 어려서는 이렇게 사이가 좋지 않았어요. 그런데 지금은 얼마나 사이가 좋은지 몰라요."

그러자 관광객 중 어떤 아주머니가 묻는다.

"너희들 친구 사이냐?"

"아니요, 우리 4촌 오빠예요."

겸이도 한 마디를 보탠다.

"우리는 머리털이 없을 때는 별로 사이가 안 좋았지만 머리털이 생긴 뒤로는 사이가 좋아졌다니까요."

녀석들 참 말이 많이 늘었다. 간간이 유식한 문자까지 섞어가며 말하는 품이 제법이다. 작은 녀석들 둘을 같이 데리고 오지 못한 것이 아쉽다. 할미는 그럴싸한 장면이 나타날 때마다 사진을 찍느라 아이들을 불러 모았다. 그리고는 혼자 중얼거렸다.

"작은아이들도 데리고 왔으면 좋았을 텐데……."

귀찮다며 떼놓고 올 때는 언제고 이제야 그 녀석들 생각을 할까?

앞으로는 이런 기회를 자주 만들어야겠다. 조만간 다른 꽃들도 보여줘야겠다. 할아비는 내 손주들이 자연친화적인 삶을 살아가기를 원한다. 자연을 아끼고 사랑하는 사람은 정서적으로도 안정감이 있고 세상을 균형적인 시각으로 바라보리라고 믿는다.

2016. 10. 4

니네 하빠 어디 갔냐?

며칠 전 딸네는 다시 전주로 이사를 왔다. 집도 우리 이웃 동네라서 외손자들은 다시 전처럼 자주 외가에 들른다.

"유수야, 니네 하빠 어디 갔냐?"

오늘 아침 내가 출근한 사이에 벌어진 일이었단다. 유치원 가기 전에 잠깐 외가에 들른 담이 녀석이 제 사촌 누이에게 했던 말이다. 나이로는 한 살 위지만 실제 20개월 차이 나는 누나에게 녀석이 꼬박꼬박 반말이다. 그러면 못쓴다고 여러 차례 주의를 주었지만 좀체 말버릇을 안 고친다.

여덟 살인 제 형이나 휘수에게는 형이나 누나 대접을 잘하면서도 유수는 만만하게 보이는 모양이다. 유수도 다섯 살배기 치고 야무지기가 보통내기가 아닌데 이런 담이를 보면 자존심이 상하고 어이가 없는지 슬며시 피해버리고 만다. 그러더니 은근히 제 사촌 동생을 편드는 말을 꺼내기도 했다.

"사실은 나도 네 살 때까지는 그랬어요. 그런데 지금은 안 그래요."

담이 녀석 커가는 걸 보면 참 신통하다. 불과 몇 달 전만 해도 밤마다 몇 차례씩 자다가 깨서 한바탕 소란을 피워대는 통에 제 어미 속을 무던히도 썩이던 놈인데 요즘에 부쩍 어른스러워졌다. 그 못된 버릇도 상당히 고쳐졌고 말도 몰라보게 늘어서 누구랑 입씨름을 해도 전혀 밀리지 않는다.

며칠 전에는 외할머니를 보고 제가 먼저 말을 걸더란다.

"할머니 나 이제 밤에 잘 자요."

그 어린 것이 외할머니가 제 잠버릇 때문에 신경 쓰는 걸 알고 그런 말까지 할 정도로 생각이 여물어졌다. 그 말을 들은 할미는 가슴이 뭉클하더라고 했다. 밤마다 작은아들에게 시달려서 얼굴이 펴지지 않던 딸도 안쓰럽고 차마 어린 것을 탓할 수도 없고 불쌍해서 내자는 늘 가슴앓이를 했었다.

어느새 녀석도 외할아비와 훨씬 가까워져서 나를 부를 때면 제 사촌들처럼 '하빠'라고 하는데 오늘은 웬일로 그런 호칭을 했을까? 아이들의 심리란 참 묘하다. 한때는 겸이와 휘수가 할아비를 두고 알력이 있었고, 또 휘수와 유수가 경쟁을 벌이더니 이제 본격적으로 유수와 담이가 서로 할아비를 차지하려고 다투는 것도 재미있는 구경거리가 되겠구나!

2016. 10. 7

하빠의 경축일

오늘은 제570돌 한글날.

이날은 7년 전부터 내게 아주 새로운 의미로 자리매김을 했다.

"할아버지, 저는 한글날 태어나서 말도 잘하고 시도 잘 짓지요?"

아이는 언젠가 할아비가 했던 말을 그대로 제 가슴에 담아두고 있구나. 이 할아비에게 새로운 세상을 열어준 가장 소중한 인연 휘수가 태어난 날이기 때문이다.

혹시 누가 볼 새라 어둑한 아침 일찍 일어나 대문에 정성스레 태극기를 달았다. 이 성스러운 행사는 아무도 보지 못하게 하고 오로지 나 혼자서 치르고 싶었다. 설령 이 날이 공휴일로 지정되지 않았더라도 나는 태극기를 걸었을 것이다. 내게는 절대 잊지 못할 경사스러운 날이니까. 태극기를 만지는 동안 온통 휘수 생각을 하면서 이 아이의 장래에 부디 축복이 그득하기를 경건하게 빌었다.

며칠 전 아이에게 생일 선물을 주문받았다. 아이는 한참 망설이다가 어렵사리 말을 꺼냈다.

"향기 나는 클레이를 사주세요. 그걸로 이것저것 많이 만들고 싶어요. 방과후 교실 선생님은 멋진 걸 아주 잘 만드시거든요. 저도 그렇게 하고 싶어요. 그런데 아빠는 클레이를 아주 싫어해요."

"그래 사주고말고. 만들기 놀이한 다음에는 꼭 정리정돈도 하고 손을 깨끗이 씻어야 아빠도 허락할 거야, 알았지?"

"예-. 이번 생일은 제일 멋진 생일이 될 것 같아요. 그걸 꼭 갖고 싶었거든요."

아이가 갖기를 저리 소원하는데도 아비가 한사코 말리는 바람에 아이가 몹시 서운해 했다고 한다. 인조진흙으로 조물거리면서 온갖 물건들을 만들어내는 이 놀이를 휘수 또래 아이들이 얼마나 좋아하는지 모른다. 다만 한 가지 흠이라면 아이들은 정리정돈이 서툴러서 노는 주변이 아주 지저분해진다. 그래서 어른들은 이걸 제지하지만 아이들의 지능개발에는 상당히 도움이 되리라는 견해가 유력하다.

좀 어질러지면 어떠랴? 아이들이 저리도 좋아하는 걸 못하게 말리는 게 오히려 비난받을 짓이리라.

2016. 10. 9

퀴즈 낼 테니까 알아맞혀 봐?

"하빠 나 배고파 죽을 것 같아. 맛있는 것 좀 없어?"

저녁밥을 먹은 지 얼마 지나지 않았는데 유수는 배가 고픈 모양이다. 아이는 밥이나 간식이나 음식을 보고도 별로 입에 당기지 않는지 뭘 통 먹으려 들지 않아서 걱정이 이만저만이 아니다. 그러던 차에 뭔가 먹고 싶다고 하니 할아비는 그 소리가 반갑게 들렸다.

"뭘 줄까? 우유는 어때? 사과나 배는?"

"아니, 그런 것 말고……."

"그러면, 뭣이 좋을까?"

"하빠, 내가 퀴즈 낼 테니까 알아맞혀 봐?"

"그래, 좋아! 하빠는 다 맞힐 수 있어."

"까만색이야. 길쭉해. 또 맛있어. 뭘까요?"

할아비는 정답을 잘 알고 있다. 그렇지만 쉽게 맞히면 아이가 머쓱해 할까봐 한참 뜸을 들였다.

"하빠는 잘 모르겠는데……."

"정답은 초콜릿. 몰랐지?"

"응, 하빠는 몰랐어. 그런데 초콜릿이 없는데……. 지금 깜깜한 밤이라서. 내일 사주면 안 될까?"

사실 잠들기 직전에 단 걸 먹이고 싶지는 않지만 아이가 아쉬워하는 걸 보니 미안한 마음이 밀려온다. 얼마나 먹고 싶으면 퀴즈를 낼 생각까지 했을까? 아이를 달래자 제 욕심을 접고 차선책을 내놓는다.

"그러면 우유에다 '조리퐁'(보리를 튀긴 과자) 말아줘."

아이는 한참 동안 게걸스럽게 먹고는 배를 두드린다.

"아, 이제 됐다. 그런데 응가가 나오려고 하네! 하빠, 응가할 때 내 손 좀 잡아줘. 그리고 요구르트 좀 갖다 줘. 요구르트를 먹으면 황금색 똥이 나오잖아?"

시원하게 응가까지 했겠다, 이제 하빠 옆에 누워 자야 할 시간이다. 언니는 진즉 꿈나라로 갔는데 유수의 눈은 말똥말똥하다. 빨리 안 잔다는 할미의 핀잔을 여러 차례 듣고도 여전히 잠들 기미를 보이지 않는다. 할미가 야단을 치든 말든 아이는 다 무시하겠다는 태도다.

마침 TV에서 채소를 심는 장면이 나오는 걸 보더니 기어이 한 마디 참견을 하고 나선다.

"저렇게 하면 안 되는데……."

"그러면 어떻게 해야 하지?"

"먼저, 땅을 판다. 둘째, 씨를 심는다. 셋째, 흙을 덮는다. 넷째, 물을 준다. 이렇게 해야지. 그렇지, 하빠?"

"응, 우리 유수가 잘 알고 있구나! 그걸 어떻게 알았을까?"

"유치원에서 다 해봤잖아?"

아이가 안 잔다고 호통을 치던 할미도 이 대화를 듣고는 얼굴이 환히 펴졌다.

"우리 유수는 모르는 게 없네! 어쩌면 이렇게 영리할까요?"

양육자의 역할을 다시 생각해본다. 나는 되도록 좋은 책을 많이 읽어주고 아이와 많은 대화를 나누려고 한다. 특히 다정스레 아이의 손을 잡고 도란도란 이야기를 나누면 아이는 어떤 말이라도 다 털어놓을 듯이 바짝 다가온다. 사람이 늘 대화의 상대를 찾는 건 사는 동안 줄곧 따라다니는 본성인지도 모른다. 아이도 나도 이 시간이 얼마나 행복한지 모른다. 세상에 이처럼 편안한 대화 상대가 또 있을까? 대화가 오가는 사이에 아이의 생각과 말이 조금씩 트이게 되리라.

할미랑 아가랑 오늘 밤에도 틀림없이 예쁜 꿈을 꾸겠지!

2016. 10. 15

나 여기에서 살 거야!

요즘 담이는 유치원에 가기 전에 꼭 외가에 들른다. 집안에 들어서면 익숙한 발걸음으로 집안 이곳저곳을 뒤진다. 제일 먼저 손이 가는 곳은 과자를 둔 곳이다. 그다음에는 아이스크림이 있는 냉장고를 찾는다. 이런 아이를 볼 때마다 '데자뷰[旣視感]'라는 말이 금방 떠오른다. 처음 보는 대상이나 장소 따위가 낯설게 느껴지지 않는다는 말이다. 휘수나 유수가 하던 짓과 어쩌면 이리도 똑같을까? 가끔 손자들 중에 누가 했던 짓인지 착각하기도 한다.

제 사촌누이들이 하던 대로 똑같이 말하고 행동한다. 물론 할아비한테 살갑게 다가오는 걸 보면 신기하고 귀여워 죽겠다. 누워 있는 할아비 곁에 가만히 다가와 할아비 품으로 달려들 때마다, '이게 바로 내 핏줄'임을 실감한다. 오늘은 아이의 말 한마디에 외할머니도 외할아비도 완전히 녹아나고 말았다.

"나 여기에서 살 거야!"

외가가 마음에 든다는 걸 단 한 마디로 함축한 말이다. 외가는 아이에게 편안함을 안겨주었고, 아이는 외조부모의 마음을 온통 사로잡아 버렸다.

불과 얼마 전까지만 해도 아이는 제 어미나 우리들의 애를 무던히도 태웠었다. 어미가 잠시만 눈에서 벗어나도 울상이 되어 어미를 찾아 헤맸다. 그럴 때는 어미 말고 어떤 사람도 눈에 들어오지 않는 듯 심리적 불안 증세를 보였다. 또 밤마다 자다가 깨어 울어댔다. 어쩌다 우리 집에서 자는 날이면 온 식구들이 잠을 설치기 일쑤였다. 저러니 밤마다 숙면을 취하지 못하는 제 어미의 고통이 얼마나 심했을까?

온갖 심리 상담도 해보고 병원 진료도 받아보았지만 세월이 약이라는 결론밖에 뾰족한 수가 없었다. 양육자가 더 애정을 갖고 느긋하게 인내하는 수밖에 없었다. 그리고 이제야 서서히 희망의 조짐이 보이기 시작하는 것 같다.

이제 어른들이 해야 할 몫은 더 따뜻이 보듬어주어서 아이가 안정감을 갖도록 보살피는 것밖에는 없을 것이다. 아이는 하루가 다르게 말이 늘어간다. 유심히 살펴보면 생각도 깊고 언어감각도 남다른 참 영리한 아이다. 아이도 어른들도 얼굴이 한결 밝아졌다. 앞으로도 더 좋은 일들만 생길 것 같다.

2016. 10. 19

나 목마 태워주세요!

아무래도 나이 탓인가 보다. 여간해선 낮잠을 자지 않는 편이지만 헬스장에 다녀오면 피로감이 몰려와 휴식을 취해야 한다. 막 안방 침대에서 쉬려는데 어린이집에 다녀온 담이 녀석의 밝은 목소리가 집 안에 울려 퍼진다. 집안에 들어서자마자 외할애비부터 찾는다.

"하빠는 어디에 가셨어요? 아, 출근하셨구나!"

이윽고 안방 문을 살며시 열고 아이가 들어온다. 할아비를 발견하곤 웃음꽃이 활짝 피더니 할아비 품에 꼭 안긴다. 녀석은 아침에 어린이집에 갈 때와 어린이집이 끝나면 곧장 제 집으로 가지 않고 외가에 들렀다 가는 게 습관이 되어버렸다.

"하빠, 일어나세요. 나 목마 태워주세요."

할아비를 일으켜 세우더니 내 등 뒤로 올라타며 무동을 태워달라고 조른다. 아이의 하는 짓을 보니 어느새 피로가 싹 가시는 느낌이다. 할아비 몸에 착 달라붙은 녀석은 본격적으로 할아비를 몰아붙인다.

"하빠, 2층으로 가요!"

"거긴 왜?"

"미끄럼틀도 있고 장난감도 있잖아요?"

꼼짝없이 붙들려 아이와 한참을 놀아주었다. 놀이가 시들해지면 옥상에 올라 동네도 내려다보고 텃밭 풍경도 간섭해보고 연못의 물고기도 구경한다. 옥상 한켠에서 10여일 전 산에서 주워온 도토리를 발견한 아이가 그냥 지나치지 못하고 한 마디를 날린다.

"하빠, 도토리는 다람쥐가 먹는 건데 왜 여기에 있어요?"

"응, 도토리묵을 해 먹으면 얼마나 맛있는데……."

할아비가 무안해 하는 걸 눈치를 챘는지 얼른 말꼬리를 돌려준다.

"토끼도 도토리를 먹어요?"

"아니란다. 토끼는 뭘 좋아하지?"

"토끼는 당근을 좋아해요."

다시 전주로 이사 온 뒤부터 아이의 얼굴이 한결 밝아져서 다행이다. 이제 밤에 자다 일어나 울던 버릇도 많이 고쳐졌고 어린이집에 다니면서 말도 눈에 띄게 늘었다. 생각 주머니도 점점 알차게 채워지고 있다. 가끔씩 어른스러운 말을 늘어놓아 어른들을 놀라게 하는 아이다.

"지진이 일어나면 엘리베이터를 타면 안 돼요. 계단으로 내려가야 해요."

오늘은 처음으로 변기에다 응가를 했다고 자랑한다. 말도 잘하고 하는 짓마다 귀여운데 다만 한 가지 흠이라면 아직 기저귀를 차고 있는 것이었다. 그런데 이제 변도 가릴 수 있다니 금상첨화다.

제 집으로 돌아간 뒤에 아이는 활짝 웃으며 제 어미에게 이렇게 말하더란다.

"하빠가 목마도 태워주고 같이 놀아줬어. 난 하빠가 제일 좋아!"

2016. 10. 25

그런 남자는 변태야

내자가 밤중에 며느리의 전화를 받았단다. 내자는 어처구니가 없다며 전화 내용을 전해준다.

"유수가 옷을 갈아입는데 제 아비가 아이를 들여다보았던 모양이에요. 그러자 아이가 하는 말이,

'아빠, 여자가 옷 벗을 때 남자가 쳐다보면 그게 바로 변태야!' 하더래요. 도대체 저 맹랑한 것을 어쩌면 좋아요?"

아이가 워낙 말을 잘하긴 하지만 이렇게까지 나오리라곤 상상도 못했다. 이걸 그냥 웃어넘겨야 할까?

요즘 세간에 떠도는 말 중에 '베이비 토크(baby talk)'라는 신조어가 생겨났다. 비선실세에게 휘둘려 온통 이 나라를 망쳐서 국민들을 참담하게 만든 한 정치인의 이야기다. 이 말에는 국가원수까지 된 그녀

가 구사하는 언어에는 도대체 깊이가 없어 어린아이 수준밖에 안 된다는 비아냥거림이 담겨 있다.

어른이 아이처럼 유치한 언어를 지껄이는 것도 대단히 문제지만 어린아이가 어른 말투를 흉내 내는 것도 심히 걱정스럽다. 어린아이는 아이다워야 하는데 너무 앞서가는 건 아닐까? 할아비의 심사가 마냥 복잡해진다.

2016. 10. 27

할머니한테 가기 싫단 말이야!

어제는 아이들이 가장 좋아하는 금요일이라서 할아비 집에서 잘 지냈다. 자매는 거실의 장난감을 다 쏟아놓고 소꿉놀이도 하고, 이 방 저 방에 있는 온갖 인형들을 다 집합시켜 인형놀이도 하면서 즐거운 시간을 보냈다. 그러면서 웬일로 텔레비전을 한 번도 안 보고 놀이에만 집중했다.

조부모가 가까이에 있어주기만 해도 아이들은 편안함을 느끼는지 얼굴이 그지없이 평화스럽다. 제 부모들처럼 사소한 것까지도 통제하려 들지 않으니 그 점이 가장 마음에 들 것이다. 잠이 들 무렵에는 동화책을 세 권이나 읽어주었다. 이제 아이들도 자연스럽게 잠들기 전에는 책을 읽는 것이 습관처럼 굳어졌다.

그리고 한 가지 달라진 게 있다면, 샘 많은 유수가 할아비 곁에 제 언니가 다가오는 걸 은연중에 허용하고 있다는 사실이다. 큰 녀석은 이 틈을 파고들어 어느새 할아비 곁을 차지하곤 한다.

그만큼 작은아이도 마음의 여유가 생겼다는 반증일 게다. 작지만 참 바람직한 변화가 아닐 수 없다.

아이의 부모들은 오늘 아이들을 데리고 고창의 한 농장으로 놀러 간다고 했다. 마침 서양의 명절이라는 '할로윈 데이'라서 그곳에서 행사가 있다고 한다. 어린아이들에게 남의 나라 명절까지 기억하게 하는 게 나로서야 썩 내키지 않지만 요즘 세대들의 취향이 그렇다니 어쩔 수 없다.

아침 일찍 부모들이 데리러 오자 안 가려고 숨던 아이들이지만 아비가 사온 할로윈 복장을 보더니 금방 표정이 달라져 따라나선다. 아이들의 사진을 많이 찍어주라는 부탁과 함께 배웅을 했다.

얼마 지나지 않아 우리 부부의 전화기에는 아이들의 사진이 잔뜩 들어왔다. 언제 봐도 귀여운 녀석들이 사진 속에서 활짝 웃고 있다. 좋아도 싫어도 크게 표정의 변화가 없이 사는 나지만 녀석들은 생각만 해도 웃음이 피어오르게 한다.

저녁 무렵이 되자 아이들이 되돌아왔다. 그런데 문밖에서 작은아이의 칭얼대는 소리가 들린다. 웬일일까? 할아비 집에 안 들어가겠다고 울고 있지 않은가? 여태껏 이런 일은 한 번도 없었는데…….

우는 아이를 달래본다.

"아가, 왜 그렇게 울어?"

"할머니한테 가기 싫단 말이야. 할머니가 나를 오지 말라고 했잖아?"

아, 요 녀석이 지금 어리광을 피우고 있구나! 나는 단박에 알아차렸다. 오랜 시간 차를 타고 와서 졸렸던 모양이다. 그리고 한편으로는 어리광 속에 아이의 진심이 숨어 있음을 알겠다. 할미는 작은아이를 볼 때마다 텔레비전만 본다고, 잘 운다고 야단을 쳤다. 그게 그렇게 아이의 마음을 아프게 했구나!

2016. 10. 29

11월

· 할아버지가 대통령 하세요!
· 하빠는 지금 나를 생각하고 있을까?
· 닭들은 웃기는 전문가예요
· 하빠는 죽으면 안 돼요!
· 저것이 내 똥꼬를 아프게 했어
· 우는 동생이 불쌍하잖아요?

할아버지가 대통령 하세요!

세종에서 전주로 이사하는 바람에 겸이는 서곡초등학교로 전학을 했다. 더구나 겸이 어미는 직장생활을 하지 않아서 방과 후 돌봄교실의 혜택을 받지 못한다. 따라서 정규수업이 끝나면 바로 귀가하거나 학원을 전전해야 한다. 어린 녀석이 학교 분위기도 낯선 데다 친구마저 없어 하교 이후의 시간을 보내는 게 여간 힘이 들지 않을 것이다.

그래서 외가에서 시간을 보내는 날이 많다. 마침 할아비가 텔레비전을 시청하고 있었다. 요즘 세상을 떠들썩하게 하는 청와대 비선 실세 이야기가 방송의 주류를 이룬다. 겸이가 다가오더니 제법 아는 체를 한다.

"할아버지, 저 여자 참 나쁜 사람이에요."

"누가 그런 소리를 하더냐?"

"나도 다 알아요. 할아버지가 대통령을 하세요!"

"정말 할아버지가 해도 될까?"

"우리 가족이 다 찍어주면 되잖아요?"

장난기 많은 여덟 살 사내아이지만 표정은 사뭇 진지했다. 어쩌다 초등학교 1학년짜리에게까지 나라 걱정을 하게 만드는 지경에 이르렀는가? 한심하고 부끄러워서 얼굴을 들 수가 없다. 이 대목에서 할아비는 끝내 감추고 싶은 게 하나 있다. 제발 이 아이가 국가원수의 잘못을 들먹이지는 말아주었으면 하는 것이다. 나중에 더 커서 사단의 전말을 다 알게 될지언정 지금은 모르기를 바란다.

어쨌든 말 잘하는 유전자는 속일 수 없는가 보다. 겸이의 어미인 내 딸 어린 시절이 떠오른다. 그 아이가 아마 다섯 살 때쯤이었다. 내자가 딸을 데리고 어느 친척 집을 방문했던 날의 일이었다. 그 당시 시골에서는 아파트에 사는 사람이 선망의 대상이었는데 마침 그 집이 당시로서는 그 도시에서 최신식 아파트였다. 집안에 들어선 아이의 입에서 감탄과 함께 튀어나온 말이 있었다.

"한국에도 이렇게 멋진 집이 있어요!"

이 말은 한동안 우리 가족들 입에서 유행어가 되기도 했다. 그로부터 30여 년 세월이 흘러 그 자식들의 입을 통해 또 사람들을 깜짝 놀라게 하는 말들이 회자되고 있다니…….

2016. 11. 2

하빠도 지금 나를 생각하고 있을까?

굳이 금요일이 아니라도 작은아이들은 거의 매일 우리 집을 거쳐 유치원에 다닌다. 오늘은 네 아이들이 다 모이는 날이다. 더 정확히 말하면 손녀들은 우리 집에서 잠을 자는 날이다. 아침에 눈을 뜨면 그 생각부터 떠오른다. 그리고 아이들을 데리러 갈 시간을 기다린다.

마침 오늘은 딸이 제 은사의 전시회에 참석하느라 서울에 올라가는 바람에 외손자들을 집으로 데려와 하루 종일 녀석들과 같이 지내야 한다. 학교가 파할 무렵 겸이를 데리러 갔다. 하교 길에 녀석은 넉살 좋게 '꿀닭'을 사달라고 조른다. 학교 앞 조그만 꿀닭 가게는 어린 손님들로 성황을 이루고 있었다. 또 그 가게 바로 옆에는 작은 마트가 연결돼 있었는데 제 동생이 좋아하는 과자와 음료수도 사달라고 어리광을 피운다. 외할아비는 졸지에 바가지를 잔뜩 뒤집어쓰고 말았다. 그렇지만 모처럼 외손자와 단둘이 나선 나들이라서 물론 기분 좋은 바가지였다.

저녁 무렵 발레학원을 다녀온 휘수를 마지막으로 넷이 다 모였다. 이때부터 몇 시간 동안은 그야말로 눈이 어지럽고 귀가 따가운 시간이다. 아이들은 이 방 저 방을 헤집어놓고 어질러놓았다. 소리 지르는 아이, 토라지는 아이, 장난감을 쏟아놓는 아이, 뛰어다니는 아이로 정신을 못 차릴 지경이다.

할미는 정신이 사납다고 소릴 질러대지만 아이들의 조심성은 1분도 못 버티고 재발한다. 나는 아예 포기하고 그저 모른 척 지켜보기만 한다. 저러다 제풀에 지쳐야 그칠 테니.

네 살배기 담이까지도 입씨름에 가담했다. 어찌나 입담들이 좋은지 가만히 듣고 있노라면 코미디도 그런 코미디가 따로 없다. 무슨 말끝에 담이가 한 자리 끼어든다.

"엄마 쭈쭈가 제일 맛있어. 익산 할머니 쭈쭈는 꼬부라져서 맛이 없어!"

하는 바람에 어른아이 할 것 없이 다들 벌렁 뒤집어지고 말았다. 또 유수가 오늘 아침에 있었던 이야기를 꺼냈다.

"할머니, 언니가 내 얼굴을 발로 찼어요. 언니 나빠요."

"네가 뭘 잘못했으니까 그랬겠지?"

"아니에요. 언니가 자고 있어서 깨웠는데 그랬어요."

오늘 아침 유수는 평소보다 너무 일찍 일어났단다. 같이 놀아줄 상대가 없어 심심한 나머지 아직 자고 있는 제 언니를 깨웠는데 잠이 덜 깬 언니가 짜증을 내면서 밀쳐낸다는 게 그만 제 동생을 발로 차 버렸다고 했다.

아이는 서럽게 울다가 혼잣말로 이렇게 중얼거렸다고 한다.

"하빠도 지금 유수를 생각하고 있을까?"

아이에게 하빠는 슬플 때도 가장 먼저 떠오르는 사람이기 때문이다.

2016. 11. 4

닭들은 웃기는 전문가예요

손녀들에게 일주일은 너무 길고 긴 시간일 게다. 그걸 기다리기 힘든 유수는 하빠가 보고 싶을 때마다 하빠 집에 가기로 약속을 했다고 우긴다. 순전히 저 혼자만의 생각이다. 어제는 제 어미가 직장에 일이 생겼다기에 아이들을 우리 집으로 데려왔다. 덤으로 하루를 더 할아비 집에서 신나게 지낸 아이들은 오늘이 금요일이라서 연달아 이틀 동안 할아비와 같이 지내게 되었다.

오후 네 시쯤 되자 할아비는 이른바 유수의 약속대로 유치원으로 향했다. 할아비를 발견한 유수의 얼굴이 활짝 피어올랐다. 나를 보자마자 오늘의 '언어전달'을 '돌과 흙'이라고 전해준다. 그리고는 뜬금없이 이상한 말을 지껄인다.

"하빠, 이상하지 않아요?"

"뭘 말이야?"

"아까는 유치원 버스가 분명히 여기에 있었는데 지금은 저기로 갔잖아요?"

"응, 그랬구나!"

할아비와 손을 잡고 귀가하는 아이의 재잘거리는 소리가 얼마나 듣기 좋은지 모른다. 아마 천상의 목소리란 바로 이런 소리를 두고 하는 말이 아닐까? 아이 못지않게 할아비는 이런 시간이 그지없이 행복하다. 주로 아이가 떠들고 할아비는 가끔씩 맞장구를 쳐준다.

저수지 윗길에 집 한 채가 있고 그 집에는 닭장이 있다. 이 닭들은 낮에는 풀어놓고 기르는데 닭들은 사람을 보고도 달아나지 않는다. 아이가 다가가서 닭들에게 말을 건다. 천진난만한 아이의 모습에서 한가로운 평화가 묻어나온다.

"유수야, 너 암탉과 수탉을 구별할 줄 아니?"

"네, 알아요. 머리에 빨간 게 크면 수탉이고 작으면 암탉이지요?"

"그래, 우리 유수가 잘 알고 있구나!"

"그런데요 하빠, 왜 닭들은 나를 보면 저렇게 도망을 가요? 왜 나를 이렇게 웃겨요?"

"응, 유수가 웃게 하려고 그러는가 봐?"

"그래요. 닭들은 웃기는 전문가에요."

"뭐, 전문가? 전문가가 뭐야?"

"응, 전문가는 뭐든지 잘하는 사람이야."

"우리 유수는 참 아는 것도 많네!"

아이와 웃고 떠드는 사이에 집에 도착했다. 집에 돌아와서도 아이가 했던 말들을 곰곰이 되새겨본다. 이러다 머잖아 할아비 밑천이 다 드러나 아이의 말상대가 되지 못할 날이 올지도 모르겠다.

2016. 11. 11

하빠는 죽으면 안 돼요!

1년 만의 귀향이었다. 고향을 떠난 지 어느덧 53년이나 흘렀다. 그날 이후 나는 단 하루도 고향을 잊은 적이 없었다. 사는 게 워낙 고단해서 몇 년씩 고향에 발걸음을 하지 못한 적도 있었다. 또 험난한 공직에 입직해서 선공후사에 충실하다 보니 고향 찾는 건 늘 뒷전이었다. 이제 퇴직해서 조금 여유가 생기겠거니 했는데 오래된 그 버릇은 여전해서 1년에 한 번 찾아가기도 쉽지 않다. 벌써 몇 달 전부터 벼르고 벼르던 산소 참배가 겨우 오늘에야 이루어졌다. 마음만 먹으면 불과 3시간 만에 찾아갈 수 있는 곳인데 왜 이리도 오래 걸렸는지 극심한 자책에 빠져든다.

우리 부부와 아들 내외 그리고 손녀들까지 여섯 식구가 모처럼 고향 나들이에 동행했다. 여행에 손녀들은 멋모르고 그저 들떠 있지만 조상님들께 죄송스러운 내 마음은 한없이 무겁기만 했다.

산소에 도착하자 조부모님과 부모님들께 뒤늦은 문안을 고개 숙여 사죄드린다. 이런 할아비 마음을 헤아려서인지 작은 손녀가 큰소리로 떠들며 넙죽 절을 올린다.

"고조할아버지 할머니, 증조할아버지 할머니 휘수, 유수가 왔어요."

아이의 저 앙증맞은 모습을 지켜보면서 가만히 독백을 했다.

"저분들이 살아 계신다면 얼마나 좋아하실까? 이 귀여운 것들을 얼마나 사랑스러워하실까?"

결코 이루어질 수 없는 꿈에 어느새 눈물이 고이고 말았다.

이어서 아이는 할아비 마음을 더 크게 흔들어놓고 말았다.

"하빠, 저 할아버지, 할머니들 일어나실 수 없어요?"

"그래 다시는 살아나실 수 없단다. 하빠랑 할머니도 죽으면 저분들 밑에다 묻어다오."

이 말에 갑자기 아이들의 낯빛이 어두워졌다. 상대방에게서 무슨 말이 튀어나와도 대화의 맥이 끊이지 않게 하는 재주가 각별한 유수가 거침없이 지껄였다.

"하빠는 죽으면 안 돼요. 하빠가 오래 살게 하려면 어떻게 해야 되지요?"

"응, 그러려면 유수가 어른들 말씀을 잘 들어야지!"

"얼른 말 해 보세요? 유수가 꼭 그렇게 할게요."

"너 정말 그렇게 할 수 있겠어?"

"예, 얼른 말 해 보세요?"

"그럼, 첫째로 밥 잘 먹기, 그리고 둘째로 텔레비전 덜 보기, 또 셋째로 아이스크림 덜 먹기야. 너 정말 할 수 있겠어?"

"예, 걱정 마세요. 또 하나 더, 하빠 앞에서 방귀 안 뀌기, 됐지요? 호호 ……."

진지하게 시작한 대화가 다섯 살배기의 재치 넘치는 입담에 웃음으로 버무려지고 말았다.

이후 일정은 성묘를 마친 뒤 함평의 놀이공원 캠핑카에서 하룻밤을 자고 생태공원을 탐방하는 것이었다. 고흥에서 함평까지는 자동차로 두 시간 남짓 더 달려가야 한다. 전주에서 고흥을 거쳐 다섯 시간이나 걸리는 여행은 아이들에게 좀 무리한 듯하다. 큰아이는 그래도 참으려고 애를 쓰는 게 역력했지만 작은 녀석은 입이 바로 터져서 볼멘소리를 쏟아내고 말았다.

"아빠, 얼마나 더 남았어요?"

"두 시간은 더 가야 하니까 잠을 자 둬라?"

피곤하지만 잠이 찾아오지는 않는지 계속 말을 걸더니 드디어 아이의 입에서 불만이 터져 나오고 말았다.

"이러다간 영원히 차 안에서 살겠네!"

차 안의 다섯 사람들 입에서 일제히 폭소가 터지고 말았다.

낯선 땅 비좁은 캠핑카 안에서 여섯 식구가 몸을 맞대고 웃음꽃을 피운 하룻밤이었다.

긴 여행으로 지치고 쉴 공간이 비좁고 숙식도 불편했지만 어른들도 아이들도 이날을 오래오래 기억할 것이다. 어떤 험한 일이 닥쳐오더라도 세상에서 가장 믿고 의지할 사람들은 바로 가족이라는 걸 재확인했기 때문이다.

2016. 11. 12

저것이 내 똥꼬를 아프게 했어

유치원에서 돌아온 유수는 몹시 시장기를 느끼는 것 같다. 집에 들어서기가 무섭게 먹을 것을 달라며 냉장고로 달려간다. 아마도 유치원의 간식이 양에 차지 않아서일 게다. 아이가 배가 고프다며 뭔가를 찾을 때마다 오늘 간식으로 뭘 먹었는지 거의 짐작할 수 있겠다.

배가 고프다며 울상이던 녀석이 냉장고 문을 열더니 이내 웃음꽃이 활짝 피었다. 거기에는 제가 가장 좋아하는 초콜릿이 들어있었기 때문이다. 언제부턴가 할아비는 아이를 위해 늘 초콜릿을 준비해 둔다. 다만 한꺼번에 너무 많이 먹지 않도록 하기 위해 숨겨두었다가 하나씩만 눈에 띄게 놓아둔다. 너무 자주 먹이는 건 되도록 자제시키고 있지만 초콜릿은 기억력과 기분을 좋게 하는 효과가 탁월하다고 한다. 오늘은 평소에 잘 먹지 않던 빵도 찾았다. 허겁지겁 배를 채운 아이는 이제야 기운을 차린 것 같다.

"하빠, 나 급해, 빨리 이리 와 봐!"

화장실로 달려가며 할아비를 찾는 소리다. 어쩐지 잘 먹는 게 수상쩍긴 했다. 배를 채웠으니 시원하게 배설을 해야겠지……. 그런데 또 변비인가 보다. 아이의 작은 손을 꼭 잡아주며 억지춘향으로 아이의 비위를 맞춰준다.

"응가, 응가……."

아이는 얼굴이 빨개지도록 용을 써보지만 쉬이 배설을 하지 못한다. 이 어린 것이 얼마나 힘겨울까? 애쓰는 모습이 애처롭기까지 하다. 한참 힘을 주더니 도저히 안 되겠는지 포기하고 일어선다.

"하빠, 이번에는 안 되겠다. 이따 다시 와야지."

아이는 사진을 뒤적거리는 할아비 곁에 다가와 사진마다 누구냐고 시비를 걸더니 이윽고 불만을 터뜨렸다.

"왜 내 것은 없고 언니 사진만 있는 거야?"

때로는 언니 사진을 제 것이라고 우기기도 한다. 그러고 보니 아이에게 참 미안하다. 큰아이 때는 온갖 정성을 기울여 사진도 많이 찍어주었는데, 정작 작은아이 사진을 별로 찾아볼 수 없으니……. 새삼스레 그 관심과 정성이 현저히 부족했던 미안함이 물밀 듯 밀려온다.

또 아이가 화장실로 뛰어간다. 이번에는 부르지 않아도 할아비가 얼른 뒤따라 달려갔다. 변비로 힘겨워하는 아이가 짠해서다. 드디어 아이의 얼굴이 환해졌다.

"하빠, 한 덩어리 나왔어."

"그래 잘했어."

"응, 저것이 내 똥꼬를 아프게 했어."

"아가, 이제부터 요구르트랑 물을 많이 마셔야 한다. 알았지?"

2016. 11. 21

우는 동생이 불쌍하잖아요?

토요일 저녁 밥상을 물리고 나자, 손녀들이 할아비에게 다가와 몸을 비비꼬는 게 아무래도 뭔 아쉬운 소리를 하고 싶은가 보다. 잠시 망설이던 언니가 대표로 말을 꺼낸다.

"하빠, 유수가 오리 인형을 갖고 싶어 하는데 아빠가 안 사줬어요."

"그래, 너희들 인형 많이 있는데 왜 또 사달라고 했어?"

"그래도 안 사준다고 동생이 슬프게 울었단 말이에요? 유수가 불쌍하잖아요?"

"그럼 내일 하빠가 사줄게."

"정말이지요? 유수야, 하빠가 인형 사주신대!"

자매는 할아비에게 매달리며 뽀뽀 세례를 퍼부었다. 아이들 부모라고 왜 사주고 싶지 않을까마는 돈도 절약해야 하고 아이들 버릇이

나빠질까봐 그랬을 것이다.

일요일 아침 잠자리에서 눈을 뜨자마자 아이들이 밝은 낯으로 할아비 품에 달려든다. 기억력 좋은 녀석들이 어제 한 약속을 생각하는 게 틀림없으렷다. 그렇지만 속이 빤한 놈들이라서 직접적인 표현을 자제하고 있다. 아이들이 안심하게 하려고 할아비가 먼저 말을 꺼냈다.

"우리 아침밥 잘 먹고 인형가게랑 학교 앞 문구점에 가자?"

"예, 알겠어요."

아이들의 힘찬 목소리에 할미도 할아비도 기분이 좋아졌다. 날씨가 제법 쌀쌀하지만 아이들의 들뜬 나들이 발걸음이 한결 가벼웠다. 유수가 바라던 오리 인형도 생겼고 또 언니의 노림수대로 언니 몫의 얼룩소 인형도 하나 챙겼다. 아이들은 또 문구점에 들러서는 온갖 색색 찰흙놀이 재료를 골랐다. 오늘도 손녀들 덕분에 기분 좋게 바가지를 잔뜩 뒤집어썼다. 찰흙놀이 재료는 논 다음에 어질러놓게 마련이라서 제 아비가 제일 싫어하는 것이다. 그래서 제 집에는 가져가지 않고 할아비 집에서만 갖고 놀기로 했다.

귀가하는 아이들의 입이 귀에 걸렸다. 아이들은 거의 뜀박질을 하듯 집으로 향한다. 집에 오자마자 밥 먹는 것도 잊고 찰흙놀이에 몰두했다. 휘수는 방과 후 교실에서 익힌 능숙한 솜씨로 멋진 코끼리 한 마리를 완성하고는 육아 일기에 넣어달라고 주문했다. 유수는 제가 제일 자신 있게 만들 수 있는 게 아이스크림 케이크였다. 아이들은 칭찬을 듣고 싶어서 만든 걸 어른들 코앞에 갖다 대며 자랑하기에 바빴다.

지금까지도 그렇게 살아왔지만 앞으로도 다른 데 쓸 돈을 줄여서라도 아이들이 아쉬워하지 않도록 해줘야겠다. 손자들을 위해서라면 조금도 아까울 게 없다.

2016. 11. 27

12월

손주들이 그 이유다!

큰일을 치르고 난 뒤의 허탈함이라고나 할까? 오랜 피로가 한꺼번에 몰려와 이제는 열 일 제쳐두고 몸부터 추슬러야 할 것 같다. 지난 한 주일 동안 아니 한 달도 넘게 우리 가족들은 정신없이 분주한 시간을 보내야 했다. 그동안 별로 큰 변화도 없이 평온한 일상에 안주했었는데 이상스럽게도 일들이 한꺼번에 몰려드는 기분이었다. 연말이 다가오자 회사 일도 전보다 바빠졌다. 또 뜸하던 강의 요청도 받았고, 내자는 김장하느라, 또 손자들은 재롱잔치 준비로 다들 일감이 부쩍 늘었다.

이 분주한 시간은 한 달 전쯤 어느 날, KBS로부터 한 통의 전화를 받으면서부터 시작되었다. 방송사의 대표 프로그램이라 할 만한 '강연백도씨' 작가로부터 출연 제의를 받았는데 선뜻 승낙을 하지 못하고 가족회의부터 열었다. 그동안 여러 차례 방송사의 출연제의를 받았지만 아무리 인기 프로그램이라도 다큐멘터리류의 프로그램은 거의 사양해왔다.

그건 촬영 기간이 길어서 불편하고 사생활이 노출되는 것에 대한 부담이 너무 컸기 때문이다. 더구나 어린 손주들의 생활리듬을 깨고 싶지 않아서였다. 몇 년 전 어느 방송사의 일방적인 '고의 펑크 사건' 이후로 우리 가족들은 방송에 대해 일종의 트라우마가 생겨서 그런 제의가 그리 달갑지 않았다.

사실 내자나 나나 방송출연에는 별 관심이 없었다. 할아비가 제 손자 돌보는 이야기가 뭐 그리 별난 일도 아니라는 생각 때문에 사람들 앞에 나서고 싶지도 않았다. 그런데 의외로 아들 내외가 출연하는 것이 좋겠다고 했다. 워낙 인지도가 큰 프로그램이어서 놓치고 싶지도 않다고 했다. 그리고 부모나 손자들에게 또 우리 가족 모두에게 뜻깊은 추억거리가 되리라는 생각이었단다. 듣고 보니 나보다 한 수 더 내다볼 줄 아는 것 같았다.

그런데 이제껏 출연했던 어느 프로그램보다 그 준비과정이 긴 데다 그만큼 까다롭고 힘들었다. 그동안 시간이 오래 걸리는 유선상의 인터뷰와 대면 인터뷰를 몇 차례 거쳤고, 또 촬영 팀이 집으로 방문해서 꼼꼼하게 자료화면을 찍었는가 하면, 강연 대본 원고 작성에도 여러 날이 걸렸다. 원고가 완성되고도 서너 차례나 전화를 통한 점검을 거쳤다. 담당 작가들은 마치 공부를 잘하고 있는지 독촉하고 감시하는 선생님처럼 꽤 까다롭게 굴었다.

심지어는 출연자 복장까지도 깐깐하게 주문하는 바람에 무척 부담스러웠다. 나는 평소에도 소탈한 차림에 익숙한 편이라서 방송사에서 원하는 복장을 갖추려면 새로 옷을 장만해야만 했다. 그래서 젊은 감각을 가진 딸의 도움을 받아서 옷을 새로 구입하느라 서울 올라가기도 전에 제법 투자를 많이 해야 했다. 나뿐만이 아니다. 가족들 모두 복장에 신경을 쓰지 않을 수 없었다. 특히 손녀들은 더 예쁘게 보여야 한다는 생각으로 새 옷까지 사 입혀야 했다.

그동안 상대한 스태프만 해도 하도 많아서 일일이 다 기억할 수도 없다. 너무 많은 사람들이 나타나서 조금은 혼란스럽기도 했다. 그렇지만 가족 모두 한마음으로 이번 방송에 힘을 쏟았다. 언제 이런 기회가 다시 오랴 싶어 힘들고 불편하지만 다들 잘 참아내고 있었다.

이렇게 준비가 끝나고도 한 가지 일이 더 남았다. 나를 아는 친지들에게 방송 사실을 알리지 않을 수 없었다. 혹시 나중에라도 알고 서운해 할 걸 생각하니 넉살 좋은 편은 아니지만 나를 기억하는 사람들에게는 연락을 취했다.

드디어 생방송 당일 아침 일찍 대가족이 서울로 이동을 했다. 아들의 승용차에 일곱 식구가 승차했더니 정원초과로 비좁아서 무척 불편했다. 방송이 밤 여덟 시 오 분에 있다 보니 아침부터 하루 종일 지내려면 가져가야 할 짐이 이만저만 많은 게 아니다.

짐칸이 가득 찬데다 또 이제는 아이들 몸피마저 제법 자라서 차 안이 비좁아 이대로 서울까지 왕래하자면 적지 않은 불편을 감수해야 했다.

방송 시작 대여섯 시간을 앞당겨 공개홀에 도착해서 리허설만 무려 세 차례나 거듭했다. 넓은 홀에 번쩍거리는 조명 하며 시끄러운 배경음악과 엄청난 방송 장비들이 압도하는 바람에 사람의 기를 꺾는 기분이었다. 갑자기 이 자리를 벗어나고 싶다는 생각이 들기도 했다. 굳이 이렇게까지 해야 할 이유가 뭔가? 또 철없는 어린 것들까지 하루 종일 부대끼게 해야 하는가 싶기도 했다.

그래도 그럭저럭 시간은 흘러가고 예정대로 나는 무대에 올라서야 했다. 물론 나는 평생을 사람들 앞에 나서서 뭔가를 이야기하고 가르치는 일을 해왔다. 그동안 수많은 무대에 올라도 봤지만 오늘처럼 이렇게 많은 청중들 앞에서 또 수많은 시청자들을 상대로 한 적은 흔치 않았다.

그래도 내가 누군가? 내게 일말의 기대를 품고 있는 사람들에게 실망을 주어서야 되겠는가? 어린 시절부터 나에 대해 각별한 기대와 희망을 품어주었던 내 혈육과 고향 사람들과 이웃들이 생각난다. 또 한 조직의 관리자를지 냈으니 여러 후배들이 지켜보고 있을 테고, 살면서 인연 맺은 수많은 고마운 사람들이 응원해줄 걸 생각하니 힘을 내야만 할 이유는 충분했다.

그래, 이 나이에 무엇이 부끄러우랴! 남의 삶을 말하는 것도 아니고 내가 사는 이야기를 하는데 막힐 게 뭐 있으랴! 더구나 사랑하고 또 사랑하는 손자들 이야기를 하는 데야 얼마든지 자심감이 충만했다. 사는 대로 진솔하게만 하면 된다.

청중들 속에서 사랑하는 내 가족들 얼굴이 더 크게 보였다. 귀엽고 소중한 손주들이 활짝 웃으며 할아비를 쳐다보고 있다. 또 방청석에서 흐뭇한 얼굴로 나를 바라보는 낯익고 늙은 얼굴 하나가 눈에 들어온다. 초청도 안 했는데 수십 년 만에 만나는 초등학교 동창생이 공개홀까지 달려와 응원해주고 있었다.

나는 아직도 써먹을 만한 구석이 남은 사람인가 보다. 많은 사람들 앞에서 조금도 흔들리지 않았다. 젊은이들도 애를 먹는다는 방송 원고도 완전히 외워서 소화하는 걸 보고 놀라워하는 사람들도 많았다. 그런데 이런 힘의 원천은 무엇일까? 그건 바로 우리 손주들이다. 나는 앞으로도 이 아이들만 바라보면 더 큰 힘도 솟아날 것이다.

아무래도 방송의 여운이 오래도록 갈 것 같다.

전자우편에 낯익은 이름의 편지가 도착했다. 바로 그날 방청석에서 나를 응원해주었던 그 친구다. 하도 고마워서 그 답례로 방송 동영상을 보내주었더니 그 답신을 한 것이다.

새삼 그날이 기억되는데 느낌은 조금 다르구먼.

객석의 나를 볼 수 있어 방청 증빙이 이뤄졌는데, 아마도 나이든 또 다른 하빠를 찾다 보니 클로즈업되었다고 생각하네.

처음부터 카메라 한 대가 나를 향해 있어, "이러다 한 컷 찍히겠구나 했는데 역시나……."

그건 그렇고.

차분하게 진행하는 강연자 신상채의 모습은 믿었던 그대로, "영특하던 어린 시절처럼 늙어서도 변함이 없구나!" 하는 생각을 하게 했다네.

가족들의 대답도 잘 이루어져 좋았고.

어쨌든 가족이 화목하고 다정스럽게 보여 느낌이 좋았고 한편으로는 부럽기도 했네.

다행히도 내 가족들도 건강하고 화목하게 살고 있어 어떤 면에서는 공통점도 많더군.

앞으로 여생도 행복하고 보람 있게 살아가기를 바라네.

-향포(香浦)

* 향포(香浦)는 '향기로운 포구'라는 뜻을 담은 친구의 호(號)고, 신곡(薪谷)은 '섶밭골'이라는 고향 마을의 조그만 골짜기를 의미하는 나의 호다.

2016. 12. 5

하빠의 기도

아이들이란 나중에 커서 어떻게 달라질지는 모르겠지만, 말하는 것이나 노는 걸 유심히 들여다보면서 요놈들의 장래를 점쳐보는 것도 즐거운 상상이 된다. 네 명의 손주들은 같은 핏줄이라도 나름대로 각기 다른 개성이 엿보인다. 이 할아비 눈에는 다들 영특하고 소중한 녀석들이다.

큰 외손자 겸이는 말마다 조리가 있고 또래들에 비해 시사상식에 아주 밝은 편이다. 네 살 무렵에는 태풍 조심하라고 전화를 걸어왔고, 요즘 세상을 떠들썩하게 하는 사건들도 비교적 소상하게 이해하고 어른들 말 틈에 참견을 할 정도다.

"최순실 저 아줌마 참 나쁜 사람이야."

하고. 제 아비는 자연과학을 연구하는 학자인 데 반해 이 아이는 인문학 쪽에 더 소질이 있어 보인다.

또 이 아이는 특기가 하나 있다. 그건 보석에 관한 상식이 남달라서 갖가지 희귀한 보석 에피소드까지 소상하게 꿰고 있다는 사실이다.

휘수는 워낙 언어 감각이 뛰어난 아이다. 또 예술적 재능도 탁월하다. 그래서 학교 공부에도 잘 적응하고 있다. 뭘 구상하고 그려내는 것이나 만드는 손재주도 훌륭하다. 아주 어릴 때부터 참 눈치가 빠르고 임기응변도 남달랐다. 저녁 식사를 하다가 할미가 시계를 가리키며 지금 시각을 물었다. 시곗바늘은 분명히 6시 50분인데 아이는 '6시 55분'이라고 대답했다. 다들 아이가 시계를 볼 줄 모르는 걸로 의아해하자 아이는 태연하게 이렇게 대답했다.

"우리 시계가 5분 늦잖아?"

이번에는 유수를 살펴보자. 녀석은 할아비 마음을 가장 많이 흔들어놓는 아이다. 하는 짓마다 어쩌면 그리도 귀엽고 사랑스러운지 모르겠다. 순발력이라면 제 언니에게 조금도 뒤지지 않는다. 누가 무슨 말을 해도 척척 맞장구를 쳐대는 재담꾼이기도 하다. 오늘은 제 아비와 이런 대화가 오갔다고 한다. 곧 아비의 생일이 다가오는 걸 알게 된 아이가 먼저 아비에게 말을 걸더란다.

"아빠, 생일 선물로 뭘 받고 싶어?"

"응, 아빠는 우리 휘수랑 유수를 선물로 받고 싶은데?"
"아니, 사람 말고 인형 같은 것 말이야."
"그럼, 꽥꽥이(오리 인형 이름)를 줘."
"그건 내가 제일 아끼는 인형인데?"
"그래도 아빠는 그걸 갖고 싶은데?"
"아, 됐다. 하빠한테 하나 더 사 달라고 하면 되겠다."

아비의 이런 장난에 흔들릴 아이가 아니다. 아이의 생각주머니는 놀랄 만큼 신속하게 회전했다. 또 아이 생각주머니에는 할아비가 가장 만만한 물주로 확실히 자리 잡고 있었다.

이번엔 작은 외손자 담이 차례다. 제 형과 나이 차이도 있고 손자들 중 가장 막내인데다 성격이 다분히 괴팍스러운 구석이 있다. 제 어미에게 너무 의존적이어서 어미를 몹시 귀찮게 구는 게 걱정스럽다. 커가면서 조금씩 고쳐지고는 있지만 잘 놀다가도 어미만 찾는 버릇은 여전하다. 그렇지만 장점도 많은 아이다. 네 아이들 중에서 식사 때 해찰을 부리지 않고 밥을 가장 잘 먹어서 예쁘다. 또 어린놈치고는 노숙한 영감처럼 사색에 잠기는 걸 자주 발견하곤 한다. 그런 까닭에 불과 만 세 살도 안 돼서 멋진 시를 짓기도 했다. 이 할아비가 제목을 붙였던, '올챙이의 꿈' 말이다. 생각할수록 기특하다. 울보에다 말썽꾸러기로만 알았던 녀석에게 이렇게 깊은 속이 숨어있다니…….

나는 철석같이 믿는다. 이 아이들이 세상에서 한 몫을 단단히 해낼 것이라고. 꼭 필요한 존재가 될 것이라고.

2016. 12. 7

최우수상을 받은 할아버지

휘수가 책상 앞에 앉아 흰 종이 위에 뭔가를 열심히 쓰고 있었다. 이 아이에겐 글 쓰고 그림 그리는 게 너무도 흔한 일이라서 그리 눈여겨보지도 않았다. 아이가 한참 동안 정성을 기울이더니 아마 완성이 된 듯 흐뭇한 웃음을 흘리며 그걸 할아비에게 건넸다.

처음엔 무슨 그림이라도 그려서 육아일기에 넣어달라고 하는 줄 알았다. 그런데 이건 그림이 아니었다. 그것도 학교에서 주는 것처럼 제법 격식도 갖추고 있는 유사 상장쯤 된다고나 할까?

상장은 노란색 글씨로 크게 썼고, 최우수상이란 글씨도 노란색으로, 그리고 네 귀도 노란색으로 장식을 했다. 아마도 아이 생각에는 노란색이 고귀함의 상징으로 여겨졌는지도 모른다. 비록 몇 군데 맞춤법이 틀리고 연도도 맞지 않았지만 그건 결코 흠이라고 할 수도 없다.

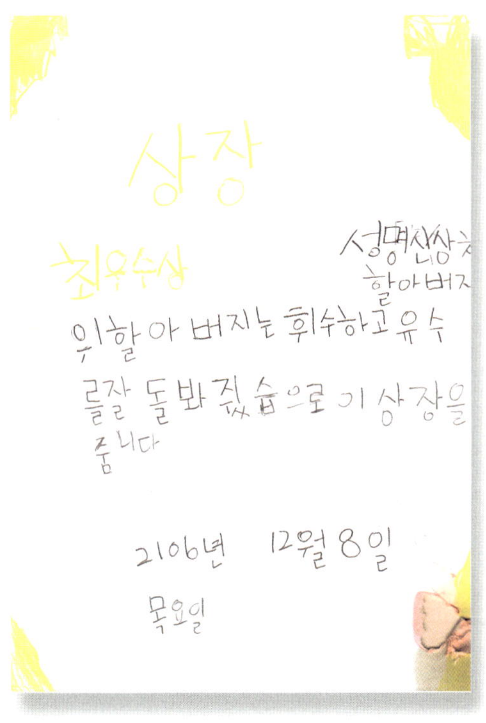

상장

최우수상

성명 신상
할아버지

위 할아버지는 휘수하고 유수를 잘 돌봐 줬습으로 이 상장을 줍니다

2106년 12월 8일

목요일

그냥 웃어넘길 수만은 없는 일이다. 지극히 진지하고 정성이 가득한 상장을 받아든 할아비는 남다른 감회에 휩싸이고 말았다. 나는 세상을 살아오면서 크고 작은 상을 많이 받았다. 이 나라 최고의 상이라는 훈장도 받아봤지만 그때도 이렇게 감격하지는 않았다.

늘 저희들을 예뻐해 주는 할아비에게 보답을 하고 싶어 하는 그 마음이 얼마나 가상한지 모르겠다. 아이들은 평소에도 할아비를 위하는 마음이 지극해서 늘 할아비를 감동에 빠지게 한다. 때로는 말로,

또 그림으로, 그리고 귀여운 몸짓으로, 그 애틋한 마음을 전하는데 어느 것 하나 귀엽고 사랑스럽지 않은 게 없다.

세상에 이보다 더 큰 상을 받아본 사람이 또 있을까? 할아비는 손녀들의 넘치는 효도에 행복감을 주체할 수 없다.

2016. 12. 8

다음엔 내가 할 거야!

언제 들어왔는지 손녀들이 다가와 막무가내로 할아비의 양 무릎을 하나씩 차지해 버렸다. 그 바람에 할아비는 일하는 걸 포기할 수밖에 없었다.

서재는 녀석들이 무시로 드나드는 곳이다. 하긴 장난감들도 잔뜩 있고 또 아이들이 좋아하는 문구류가 있는 곳이니 제 방이나 다름없다. A4용지와 색종이랑 테이프들은 아이들이 가장 좋아하는 놀잇감이고 학습용구다.

아이들은 컴퓨터에 저장된 방송 출연 동영상을 틀어달라고 졸라댄다. 하긴 그걸 다시 보고 싶은 마음은 어른들도 마찬가지다. 아마 앞으로도 수시로 보고 또 보게 될 것이다. 거기에는 귀여운 내 손자들의 얼굴이 들어 있고, 소중한 내 가족들의 흔적이 담겨 있기 때문이다. 벌써 몇 차례를 보았지만 그때마다 늘 새로운 걸 발견하고 새로운 느낌을 받는다.

오늘 자세히 보니 우리 겸이 코끝이 빨개진 걸 이제야 알겠다. 왜 그랬냐고 슬쩍 물어봤더니 겸이의 대답은 너무도 솔직했다.

"할아버지 이야기를 들으니까 슬펐어요."

감성이 풍부한 아이는 할아비의 강연을 듣고 울컥했던 모양이다. 여덟 살치고는 정서적으로 조숙한 편인 아이다. 녀석은 할아비가 저희들을 지성으로 사랑한다는 사실을 이미 알아차리고 있었다.

또 사회자가 가족 인터뷰를 하면서 손주들을 대표해서 휘수더러 할아버지에게 한마디 하라고 묻자 휘수는 몹시 수줍어하며,

"할아버지, 키워주셔서 감사합니다."

하고 짧게 대답을 했다. 유수는 언니의 대답에 못마땅한 얼굴로 이렇게 쏘아댔다.

"할아버지, 키워주셔서 감사합니다. 하빠, 많이 많이 사랑해요! 이렇게 해야지. 또 하트도 빠뜨렸고. 언니가 말을 잘못했어! 다음엔 내가 할 거야!"

동생의 핀잔에 언니가 난감한 표정을 짓는다. 아이들 하는 짓이란 언제 봐도 귀엽고 사랑스럽다.

2016. 12. 14

그릇은 이렇게 깨끗이 닦아야지

오늘은 아버지와 어머니의 합동 기일이다. 어머니가 돌아가신 지 어느덧 33년이 지났고 아버지는 그보다 3년 뒤에 떠나셨다. 추워지는 날씨 탓인지 요새 부쩍 지인들의 부음을 많이 듣는다. 문상을 갈 때마다 너무나 일찍 이별한 부모님 생각으로 마음이 저며 온다. 지금쯤 살아 계셔도 될 연세인데, 이 귀여운 증손자들 재롱을 보신다면 얼마나 좋아하실까? 참 부질없고 안타까운 상상을 해본다.

이런 날 찾아올 자손도 별로 없으니 누구라서 상차림이 허술하다고 흉볼 사람이 있을까? 제사상은 해마다 간소해지고 있다. 전통적인 격식에서 멀어진 지 이미 오래다. 그저 산 자의 편의만 좇다 보니 마음의 가책이 무겁기만 하다. 나 어릴 때만 해도 분명히 이렇지는 않았다. 전통 예법은 지키지 못할지라도 손자들이 부디 이날을 잊지 말기만 바랄 뿐이다.

오늘 제사에는 성씨가 다른 사람이 하나 참석했다. 외손자 겸이는 외증조부모 제사에 제가 꼭 참여하고 싶다고 했다. 고마운 일이다. 요즘 녀석은 부쩍 외할애비에게 정을 더 많이 느끼는 것 같다. 얼마 전 서울의 방송국에도 같이 다녀왔고 외가에 찾아올 때마다 집에 들어서기가 무섭게 뛰어와 할아비 품에 안기곤 한다.

또 언제부터인지 기억은 잘 안 나지만 할아비 혼자 하던 제기(祭器) 닦는 일을 이제는 유수가 거들어주는 게 당연한 일처럼 되었다. 제 언니도 하지 않는 걸 다섯 살배기가 꼼꼼하게도 해낸다. 유수가 물티슈로 목기를 한 번 닦고 나면 할아비가 마른 종이로 한 번 더 닦아내는 방식이다. 아이는 전혀 지루해하지도 않고 아주 진지한 표정으로 깔끔하게 일을 마무리한다. 심지어는 이런 말까지 잊지 않았다.

"하빠, 그릇은 이렇게 깨끗이 닦아야지, 응?"

이만 하면 굳이 손자(孫子)가 없어도 서운해할 필요가 없게 되었다. 어리광이 심하긴 해도 유수는 참 야무진 아이다. 일을 꼼꼼하게 마무리하는 것이나 정리정돈을 잘하는 걸 보면 누구라도 이 아이를 귀여워하지 않을 수 없게 만든다. 귀염받는 것도 다 제 하기 나름이다.

2016. 12. 15

눈앞의 기적(奇蹟)

사람들은 아마도 이런 걸 기적이나 또는 이적(異蹟)이라 말할 것이다. 내자의 휴대폰이 울리고 잠시 듣는가 싶더니 이내 어처구니없다는 표정으로 전화기를 내게 건네준다. 영상통화 화면에서는 유수가 뭘 열심히 중얼거리고 있었다. 가만히 들어보니 영어로 지껄이는 게 아닌가? 그것도 아무런 망설임이 없이 아주 정확한 발음으로 또렷하게 말이다. 아이는 2, 3분 동안 숨도 안 쉬고 계속 떠들어댔다. 아이의 말 속에서 낯익은 단어가 들린다. 분명히 웨더(weather)라고 했다. 아마도 무슨 날씨 같은 걸 말하는 것 같았다.

아이가 워낙 영특하긴 하지만 그래도 이건 통념을 훌쩍 뛰어넘는 일이라서 별별 상상이 날개를 펼친다. 아마도 제 언니가 영어 공부하는 걸 곁에서 듣다가 다 외워버린 것 같다. 기억력이 뛰어난 아이니까 얼마든지 그러고도 남을 것이다. 제 언니도 언어 인지능력이 남다르긴 하지만 이 아이도 결코 그에 못지않은 모양이다.

초기 기독교 성서에서나 나올 법한 일이 아닌가 싶다. 기독교에서는 성령을 받은 신자가 늘어놓는 뜻을 알 수 없는 말을 소위 방언(方言)이라 했다. 방언을 듣는 사람들의 심경이 지금의 나와 같을까? 이건 인간의 경지를 벗어난, 신이나 행하는 불가사의한 일이 아닐까?

아, 큰아이의 성장과 공부에만 신경 쓰느라 작은아이에게는 너무 소홀했다고 자책을 해본다. 이렇게 영리한 아이인데 좀 더 많은 관심과 정성을 쏟아야겠다.

아이가 더 어렸던 시절로 되돌아가 본다. 제 언니는 태어난 지 넉 달 만에 '하빠'라는 말을 가장 먼저 했고, 이 아이는 다섯 달 만에 '할머니'라는 말을 처음 꺼냈다. 생각할수록 기특한 녀석들이다. 이 작은 생명들이 저희들을 사랑하는 대상을 향해 입을 열었다는 사실이 얼마나 신비스러웠는지 모른다. 지금도 이 아이들은 끊임없이 엉뚱하고 기발한 어록을 쏟아냄으로써 이 할아비를 깜짝 깜짝 놀라게 만든다.

세상의 할아버지들치고 제 손자가 천재라고 착각하지 않는 이는 별로 없다는 말도 있다지만. 솔직히 나는 내 손자들이 천재라고 여기지도 않고 그러기를 바라지도 않는다. 왜냐하면 천재란 본인이나 가족 모두에게 너무 큰 짐이 아닌가? 또 기적이란 천재들에게서만 나오는 게 아니기 때문이기도 하다.

기적은 그리 멀리 있는 게 아니다. 나는 매일 매일 그걸 경험하고 산다. 귀엽고 사랑스러운 손녀들의 혀에 놀아나는 이 할아비는 세상에서 가장 행복한 사람임에 틀림없다.

2016. 12. 18

어른 환자 둘에 아이 환자 하나

참 지독한 독감이다. 기침에다 몸살은 물론이고 온몸이 마디마디 쑤시고 어지럽다. 분명히 두 달 전에 독감 예방접종을 했는데도 독감이 찾아든 걸 보면 면역력이 현저히 떨어졌나 보다. 병원에 가서 주사도 맞고 링거 신세까지 졌지만 쉬이 나을 기미를 안 보인다. 이대로 출근한다면 직원들에게 전염도 걱정돼 별수 없이 처음으로 결근을 할 수밖에 없었다.

이달 들어 이상스럽게도 한꺼번에 많은 일들이 몰려왔다. 야간 강의에다, 방송 출연과 본사 회의 참석차 두 차례나 서울 나들이를 했고, 부모님 기일, 교육 참석, 그리고 여러 차례에 걸친 결혼식 참석과 문상 등으로 휴식을 취할 여유를 갖지 못한 탓이리라. 나와 내자가 거의 동시에 독감에 걸려버려서 손자들도 집에 데려올 수가 없었다. 답답한 날이 벌써 여러 날 계속되었다. 독감은 조손간의 만남까지도 막아버리니 참 야속한 일이다.

이렇게 감기가 기승을 부리면 무엇보다 면역력이 약한 어린아이들이 걱정스러운데 아니나 다를까 작은아이가 감기에 걸렸다는 소식에 가슴이 철렁 내려앉는다. 유치원에서는 요즘 같은 겨울철이면 주로 환기가 잘되지 않은 실내 생활을 하다 보니 삽시간에 전염이 되고 만다. 맞벌이하는 집 아이들은 마땅히 맡길 데가 없다보니 감기에 걸려도 유치원에 보낼 수밖에 없다. 다른 아이들도 그걸 피할 수 없어 대부분의 아이들이 독감에 걸리는 건 시간문제일 뿐이다.

내외가 독감에 걸려 아이들을 집에 데려오는 게 꺼림칙했지만 유수를 돌봐줄 사람은 우리 내외 말고는 없었다. 별도리 없이 당분간 어른 환자 둘에 아이 환자까지 한 집에서 생활해야 한다. 평소에도 할아비만 보면 어리광이 심한 아이인데 몸이 아프니 더욱 떨어지지 않으려고 매달린다. 할아비도 쉬어야 하는 몸이지만 아이가 고통스러워하니 저걸 달래려면 같이 놀아주지 않으면 안 된다.

안 좋은 건 잘 알지만 아이가 고통을 잊게 하려면 텔레비전 시청을 눈감아 줄 수밖에 없다. 몇 시간째 텔레비전에만 빠져있던 아이지만 가끔씩 언니가 보고 싶다며 빨리 데려와 달라고 보챌 때면 어찌나 짠한지 보는 사람도 안타깝다.

저녁 무렵 기다리던 제 언니가 오자 아이의 얼굴에 잠시 생기가 살아나는가 싶더니 그렇게 보고 싶어 하던 언니와 얼마 동안 놀아보지도 못하고 몸을 비틀거린다.

아마도 하루 종일 참았던 피로가 몰려오는지 저녁도 안 먹고 잠에 빠져들었다. 저 귀여운 것, 저 불쌍한 것이 하루빨리 병마에서 벗어나야 할 텐데. 할아비의 걱정은 가실 줄을 모른다.

2016. 12. 21

다음엔 녹색할아버지 차례

며느리는 휘수의 학교로부터 연락을 받고 며칠째 고민을 했던가 보다. 등굣길 교통안전 돌보미인 소위 '녹색어머니' 활동 차례가 되었으니 나와 달라 하더란다. 며느리는 지난달 내내 몸이 심하게 아파 금년에 사용할 수 있는 연가를 다 써버려서 또다시 결근할 수도 없는 처지라고 한다.

우리 집에서 그 일을 대신할 수 있는 사람은 내자 말고는 아무도 없었다. 며느리 대신 아들이 어렵사리 말을 꺼냈다. 그런데 사실 내자는 지금 심한 독감을 앓고 있다. 그러나 그 말을 들은 내자는 아픈 건 아랑곳하지 않고 기꺼이 자신이 나가겠다고 했다.

아들 내외나 나 모두 마음이 편할 리가 없다. 몸도 성치 않은 사람이 찬바람 쐬면 덧날 게 뻔하다. 나라도 대신하고 싶지만 주로 엄마들만 참석하는 자리에 할아버지가 나설 수도 없어 참 난처한 일이었다.

하필이면 오늘 아침 기온이 뚝 떨어지고 눈비마저 심하게 몰아쳤다. 아무래도 내자가 걱정됐지만 완전무장을 하고 나가라는 신신당부를 하는 것 말고는 내가 해줄 건 별로 없었다. 오늘따라 출근하는 발걸음이 한없이 무거웠다. 출근해서도 눈길이 자꾸 창밖을 향하는데 그사이에 찬바람은 점점 거세지고 마음속으로 한기가 파고들었다.

이 추운 날 더구나 환자가 한데서 떨고 있을 걸 생각하니 참으로 난감하고 속이 상했다. 내자는 평소에도 늘 입버릇처럼 어미 대신 학교 앞에 나가 교통정리를 하겠다고 말하곤 했었다. 내 손자들을 위해서라면 무슨 일인들 못하겠느냐며 미안해하는 며느리를 안심시키려 했다.

역시 예상한 대로 찬바람을 쐰 내자는 무척 힘든 시간을 보내고 있다. 교통안내를 하고 온 뒤 독감이 덧나서 더 심하게 부대끼는 게 역력하다. 심한 기침으로 콜록거리고 끙끙 앓느라 잠을 못 이루는 걸 보니 나도 덩달아 밤잠을 이룰 수가 없다.

조부모에게 손자들이란 무엇일까? 세상의 어떤 두려움도 깨뜨리는 도깨비 방망이라고나 할까? 손자란 세상에서 가장 소중한 소명을 일깨워주는 기막힌 존재임에 틀림없다.

늙고 병든 할머니의 어디에서 그런 무서운 힘이 나올까? 그 희생이 너무나 장하고 눈물겹다. 너무도 짠하고 미안해서 물어보지 않을 수 없었다.

"혹시 남자들은 안 나왔던가요?"

"아빠들이 몇 있긴 하던데요……."

아, 누가 뭐라고 하든지 내가 대신 나가지 못했던 게 너무 후회스러웠다. 저렇게 여성들 틈바구니에 나서는 용감한 남자도 있는데 나는 겨우 고정관념에 사로잡혀 그곳에 나설 엄두도 못 냈으니…….

다음엔 꼭 이 할아비가 나가야지!

16. 12. 23

담이의 기습 뽀뽀

초등학교랑 유치원이 모두 방학을 맞았다. 손녀들에게는 이때가 가장 기다렸던 시간일 게다. 손녀들은 매일 할아비 집에서 지내고 잠도 자고 있다. 아예 제 부모 집에 돌아갈 생각을 하지 않는다. 저녁 무렵 퇴근한 제 부모들이 데리러 오기라도 하면 안방으로 숨어서 따라갈 생각을 하지 않는다.

그렇지만 외손자들은 열흘도 넘게 외가에 발걸음을 하지 못했다. 우리 내외와 유수가 독감에 걸린 탓이다. 내자도 나도 작은 외손자 담이의 귀여운 모습이 눈에 선해 하루빨리 보고 싶지만 감염 우려 때문에 그 마음을 꾹꾹 눌러왔다.

이제야 겨우 독감이 물러나 외손자들을 부르기로 했다. 모처럼 우리 집은 네 아이들로 북적거렸다. 그야말로 신나는 놀이판이 벌어졌다. 아이들은 오랫동안 못 본 아쉬움을 한꺼번에 털어버리려는 듯 요란스런 몸짓으로 집안을 휘젓고 다닌다.

누구보다도 네 살짜리 담이 녀석이 가장 활력이 넘친다. 그런데 아주 흥미로운 사실을 하나 발견했다. 아이는 사촌들과 어울려 잘 놀다가도 느닷없이 주위를 둘러보곤 한다. 그리고는 씩 한 번 웃고 할아비에게 달려들더니 격렬하게 뽀뽀세례를 퍼부은 뒤에 도망치듯 달려간다.

가만히 생각해보니 아이의 이런 기이한 행동에도 깊은 의미가 숨어 있었다. 늘 보고 싶었던 외할애비와 함께 있다는 사실을 재확인하는 아이만의 독특한 몸짓이었던 것이다. 뽀뽀란 무엇인가? 이 행위는 가장 사랑하는 이를 향한 최상의 몸짓이 아니던가?

저 작은녀석의 머릿속에 어떻게 저런 생각이 들어 있을까? 혈육의 정이란 이런 것인가? 외할애비가 저를 귀여워한다는 걸 알아차리고 그 고맙고 벅찬 감격을 이런 방식으로 표현하다니…….

아이는 아이답게 제 마음을 솔직하게 드러내기도 한다.

"나 여기(외가)에서 살 거야!"

제외사촌누이들이 하는 말과 어쩌면 이리도 판박이인가? 외가에 오면 저를 예뻐해 주는 외조부모가 있어 좋고, 같이 놀아주는 외사촌누이들이 있어서 이 집이 맘에 들 것이다. 아무리 소리 질러도 실컷 뛰어도 말리는 이가 없고 자유를 만끽할 수 있으니 마음이 편해서일 것이다.

2016. 12. 27

오래오래 사시라고 빌 거야!

어감이 안 좋아 들먹이기조차 거북스러운 병신(丙申)년, 말도 많고 탈도 많은 한 해가 저물어간다. 이제껏 듣지도 보지도 생각지도 못했던 일들이 무더기로 벌어졌던 한 해였다. 세계적으로도 상식과 통념이 보기 좋게 허물어지고 말았으니 참 정신 못 차릴 지경이었다. 바다 건너 일들도 그렇지만 이 나라의 처지는 더욱 한심하고 개탄스러웠다. 우리는 어쩌다 국정농단과 국기 문란의 주범이 국가원수인 나라의 백성이 되었는가!

참으로 자존감이 상해 못 견디겠네!

세상의 무거운 짐을 나 혼자 다 지고 살지는 않지만, 세상이 어지러울 때마다 가장 걱정되는 건, 이 부끄러운 유산을 손자들에게까지 물려주게 되지나 않을까 해서다. 한 나라의 역사에서도 물론이지만 가까이로는 개인사를 보더라도 그런 사례는 얼마든지 목도하지 않았던가? 빨리 보내고 싶은 병신년이여, 어서 물러나라!

나는 이제껏 단 한 번도 해넘이나 해돋이 같은 요란스러운 행사에 참여해본 적이 없다. 사람들 북적이는 그런 판에 나마저 휩쓸리는 게 왠지 어색하고 못마땅해서다. 남보다 조금 늦게 해를 본들 그게 무슨 흠이라도 될까 싶다. 혹시 누가 볼세라 그저 조용히 우리 집 창가에 나가 새해의 해 돋는 장면을 지그시 바라볼 뿐이다.

언제나 빠뜨리지 않는 간절한 기원이야 우리 가족들의 안녕이다. 그사이에 달라진 것이라면 7년 전부터는 귀여운 손자들이 그 속에서 가장 크게 한 자리를 차지하고 있다는 사실이다.

아들네 네 식구는 해넘이 명소라는 부안 바닷가로 달려갔다. 출발 인사차 할아비에게 들른 손녀들을 갑자기 놀려주고 싶었다.

"무슨 소원을 빌 거야? 하빠 빨리 죽으라고 할 거지?"

할아비의 농담이 너무 심했나 보다. 작은아이의 얼굴이 금방 울상으로 돌변했다.

"아니야, 우리 하빠 오래오래 사시라고 빌 거야! 그렇지, 하빠?"

붉은 해를 바라보며 고사리손을 모아 진지하게 기도할 손녀들의 모습이 그려진다. 새해에는 부디 걱정 덜하고 웃는 날이 많기를 기원해 본다.

2016. 12. 31

洪海里 詩人

洪海里 詩人

* 충북 청주에서 출생.
  고려대 영문과를 졸업(1964)하고 1969년 시집 『투망도投網圖』를 내어 등단함.

* 시집

『투망도投網圖』(선명문화사, 1969)
『화사기花史記』(시문학사, 1975)
『무교동武橋洞』(태광문화사, 1976)
『우리들의 말』(삼보문화사, 1977)
『바람 센 날의 기억을 위하여』(민성사, 1980)
『대추꽃 초록빛』(동천사, 1987)
『청별淸別』(동천사, 1989)
『은자의 북』(작가정신, 1992)
『난초밭 일궈 놓고』(동천사,1994)
『투명한 슬픔』(작가정신, 1996)
『애란愛蘭』(우이동사람들, 1998)
『봄, 벼락치다』(우리글, 2006)
『푸른 느낌표!』(우리글, 2006)
『황금감옥』(우리글, 2008)
『비밀』(우리글, 2010)
『독종毒種』(도서출판 북인, 2012)
『금강초롱』(도서출판 움, 2013)
『치매행致梅行』(도서출판 황금마루, 2015)
『바람도 구멍이 있어야 운다』(도서출판 움, 2016)
『매화에 이르는 길』(도서출판 움, 2017)
『봄이 오면 눈은 녹는다』(도서출판 움, 2018)와

* 시선집

『洪海里 詩選』(탐구신서 275, 탐구당, 1983)
『비타민 詩』(우리글, 2008)
『시인이여 詩人이여』(우리글, 2012)를 냈음.

홍해리洪海里는 어디 있는가

삽화 _ 전선용

홍해리洪海里는
어디 있는가

홍해리 시선집

〈들머리에〉

명창정궤明窓淨几의 시를 위하여

시는 무엇이고,

시인은 누구인가?

이제까지 시와 함께 살아오면서 느끼고 생각한 것을 되돌아보고자 한다

시 쓰는 일은 육체가 행하는 것처럼 영혼이 숨쉬고 먹고 마시고 배설하는 행위이다

어떤 곡해나 구속도 용납되지 않는다

어떤 이념이나 주의도 필요없다

시 쓰기는 영혼의 자유 선언이다

시란 첫사랑이자 마지막 사랑이다

늘 설레면서 한편으로는 한 편 한 편으로 완성되는 이별이기 때문이다

시에서는 잘 익은 과일의 향기가 난다

그래서 한 권의 시집은 잘 갖춰진 과일전과 같다
시는 호미나 괭이 또는 삽으로 파낸 것도 있고 굴삭기를 동원한 것도 있다.

목재소를 지날 때면 나무 살 냄새가 향긋하다
나무의 피 냄새가 짙게 배어 있다 나온다
목이 잘리고 팔이 다 잘려나가고 내장까지 분해되어도
도끼나 톱을 원망하지 않는 나무는 죽어서도 성자다
한자리에 서서 필요한 만큼만 얻으며
한평생을 보낸 성자의 피가 죽어서도 향그러운 것은
나일 먹어도 어린이 같은 나무의 마음 탓이다
사람도 어린이는 향기로우나 나일 먹으면 내가 난다
목재소를 지날 때면 나도 한 그루 나무이고 싶다
한 그루 나무 같은 시를 쓰고 싶다.

양파는 얇고 투명한 껍질을 벗기고 나서 살진 맑은 껍질을 까고 또 까도 아무것도 없다
바닥이 보이지 않는다
시인은 양파를 까는 사람이다
양파의 바닥을 찾아야 한다
양파의 바닥에까지 천착하며 끽고喫苦해야 한다
철저히 벗겨 양파의 시작/씨앗/정수/처음을 찾아야 한다
늘 처음처럼 시작始作/試作/詩作해야 한다.

매화나무가 폐경기가 되었지만 해마다 봄이면 이팔청춘이다
삼복에 맺은 인연의 끈을 잡고 삼동을 나고 나서
봄이 오면 여봐란 듯이 몸을 열어 보인다
겨우내 폐가처럼 서 있더니 어디에 저 많은 꽃을 숨기고 있었을까
수많은 청매실을 달고 있는 모습이 장관이다
몇 분 안 되는 정정한 시인을 뵙는 기분이다
오늘은 귀로 향기를 맡고 싶다
노매 같은 시인을 만나 고졸한 시 한 편 듣고 싶다.

움직이지 않는 것은 죽은 것이라고
먹이 찾아가기 전이나
잠자리 찾아 들기 전
날아다니는 수묵화로
가창오리 떼가 하늘을 가득 메우는 것은
혼신으로 먹을 갈아 일필휘지로
호수를 품에 띠어 가고 싶기 때문이라고
가창오리 떼는 움직이는 시로 말하고 있다.

시인은 죽으면 신이 된다
시를 버리면 사람만 남고
사람을 버리면 시만 남도록
시와 사람이 하나가 되어 신으로 탄생한다

사람의 영혼을 실어 나르는 신이 되기도 하고
영혼을 노래하는 신神이 되기도 한다.

바다가 내 속으로 들어왔다
신선한 푸른 수평선이 눈썹에 걸렸다
해가 빨갛게 지고 있다
수평선의 두 끝을 잡고 해를 걷어 올려라
너의 넋을 잡고 매달려라
시가 걸릴 것이다.

모든 예술이 놀이이듯
시 쓰는 일도 영혼의 놀이이다
시는 내 영혼의 장난감
나는 장난감을 가지고 노는 어린이
나의 시는 울퉁불퉁하다
그래서 자박자박 소리가 난다.

그리움이란
소리 없이 불어왔다 사라지는
바람 같은 것
언젠가는 떠나보내야 할 것이라며
바람은 멀어지면서
보이지 않는 몸짓으로 말해 주고 있다

맨발로 뛰어가는 발자국 소리
그것이 시였다.

한평생의 그리움을
파도에 실어 보낸
천길 바다를 물질하는 잠녀들은
네가 그리움을 아느냐고 묻는다
바다에 묻은 푸르고 깊은 그리움
숨비소리로 뱉어내던 쉰 목소리
그것이 한 편의 시였다
해녀는 천길 바다의 시를 다시 바다에 묻는다.

풍경소리 시끄럽다고
바람 부는 날에는 떼어 놓으라는
입이 큰 옆집 여자
하늘붕어는 바람 부는 날에나 제 목숨꽃을 피우는데
바람호수가 없으면
붕어는 어디서 사나
죽은 붕어는 시가 아니다.

새벽 세 시
발가벗은 영혼이 나를 만나
말을 타고 천리를 달리면
금빛 현란한 언어의 사원에 닿을까

풀어진 마음을 매어
하늘과 땅을 잇는 시간
풍경소리 푸르게 울리는 곳
시뻘겋게 타오르는 불에 사금을 녹여 관을 만든다
법당 안 가장 낮은 자리에 놓고
석 달 열흘 목탁소리로 다듬으면
가는 현의 찬란한 울림의 시 한 편이 관 속에 놓일까
바람 가는 길을 따라 무작정 가고 있다.

눈을 잔뜩 뒤집어쓴 오후
산이 저물 대로 저물어서
어스름 속으로 절름절름 지고 있다
어디선가 눈 속에서 새 한 마리 울고 있다
시 한 마리 따라 울고 있다.

죽은 나무에는
죽어도 새가 깃들지 않는다
둥지를 틀 마음도 없다
보금자리 치는 사랑도 없다
집이란 그늘이 깃들지 않는 곳
그늘이 짙으면 풀이 나지 않는다
시도 싹을 틔우지 않는다.

시 한 편을 가지고

시집에 넣기 전 마지막으로 손을 본다
손을 가만히 들여다보고 있으면
파여 있는 굽은 길이 보인다
손금이다
마지막 퇴고의 길에서도 부끄러워
발길을 돌리지 못하고 망설인다
시집에 넣고 나서 또 고칠 것이기 때문이다.

살기 위해서
시를 쓰는 것이 아니라
죽기 위해서
잘 죽기 위해서 시를 쓰는 일이란 다짐을
다시 한 번 다져 본다.

하늘 한복판을 조금 지난 곳
달이 보름보름 부풀고 있다
꽃반지 낀 사내가 마른 풀밭에 누워 있다
침묵이다
왜 침묵이 금인가
말 없음 속에 말이 뛰어 놀고 있기 때문이다
그 말을 잡아타고 천리를 달려라
온몸이 이슬에 젖을 때까지.

인수봉이 저기 있다

저 잘난 사내
밤낮없이 백운 만경을 거느리고
당당하기 그지없는
아무리 유혹해도 다가서지 않는
안타까운 계집처럼, 저 사내
품안에 넣고도 속수무책, 대책이 없다
요지부동이다
아무리 진달래가 꽃불을 놓아도
아무리 소리쳐도 들은 척 만 척
눈이 내려야 가끔 흰 모자를 쓰는
의연한 기상으로
하루살이 떼 같은 군상을 내려다본다
허상이다
나의 시가 늘 그렇다.

너를 한 번도 잊은 적 없다
해가 지고 밤이 와 어두워지면
칠흑 속에서는 아무것도 보이지 않는다
그 속에서도 너를 잊은 적 없다
너도 내가 보고 싶은 때가 있느냐
내 마음을 다 모아 불을 밝혀도
그리움은 그리움대로 두고
어딘가로 스친 듯 하루가 진다
쓰지 못한 시가 노을 따라 지고 있다.

꽃 속의 궁전은 황홀하나 허망하게 무너진다
부질없는 짓인 줄 알면서도
궁전을 짓는 부산한 역사
도끼질 톱질 대패질 망치질소리
향기에 취하는 것은 찰나
깨고 나면 허무의 푸른 지옥
피어날 때야 영원할 것 같지만
며칠이나 붉겠느냐
이내 꽃이 진 자리 찬바람 불다 가고
자궁 속에서 아기가 놀듯
나무 속에서 봄이 노는 소리 들린다
다시 붓을 들어라.

먹어야 산다고 아무것이나 먹기만 해서야 쓰겠는가
화려한 재료에 인공 조미료 듬뿍 쏟아붓고 지지고 볶고 튀기고 굽고 끓이고 삶아
익힌 것이 아니라 날 냄새나는 날것을 요리하라
천연 조미료로 맛을 낸 날것으로 시탁詩卓을 꾸며라
신선한 안주 옆에 맑은 술도 한 주전자 놓여 있기를!
그래야 자연을 만날 수 있다
자연 속으로 들어가라
자연스러운 것이 아니라, 자연, 그 자체가 되라

우주의 자궁은 늘 열려 있다
냉수로 눈을 씻고 마음을 헹구고 손을 모아라
새벽 세 시 우주와 독대하라.

시인은 감투도 명예도 아니다
상을 타기 위해, 시비를 세우기 위해, 동분하고 서주할 일인가
그 시간과 수고를 시 쓰는 일에 투자하라
그것이 시인에겐 소득이요, 독자에겐 기쁨이다
오로지 올곧은 선비의 양심과 정신이 필요할 따름이다
변두리 시인이면 어떻고 아웃사이더면 어떤가
목숨이 내 것이듯 시도 갈 때는 다 놓고 갈 것이니 누굴 위해 쓰는 것은 아니다
시詩는 시적是的인 것임을 시인詩人으로서 시인是認한다
생전에 상을 받을 일도, 살아서 시비를 세울 일도 없다
상賞으로 상傷을 당할 일도 아니고 시비詩碑로 시비是非에 휘말리고 싶지도 않다
시인은 새벽 한 대접의 냉수로 충분한 대접을 받는다
시는 시로서, 시인은 시인으로서 존재하면 된다
그것이 시인이 받을 보상이다.

여시아문如是我聞!

—『비밀』(2010, 우리글)

차례(가나다순)

가을 들녘에 서서

눈멀면
아름답지 않은 것 없고

귀먹으면
황홀치 않은 소리 있으랴

마음 버리면
모든 것이 가득하니

다 주어버리고
텅 빈 들녘에 서면

눈물겨운 마음자리도
스스로 빛이 나네.

—『푸른 느낌표!』(2006, 우리글)

가을 엽서

풀잎에 한 자 적어
벌레소리에 실어 보냅니다

난초 꽃대가 한 자나 솟았습니다
벌써 새끼들이 눈을 뜨는
소리, 향기로 들립니다

녀석들의 인사를 눈으로 듣고
밖에 나서면
그믐달이 접시처럼 떠 있습니다

누가
접시에 입을 대고
피리 부는 연습을 하고 있습니다

창백한 달빛을 맞은
지상의 벌레들도

밤을 도와 은실을 잣고 있습니다

별빛도 올올이 내려
풀잎에 눈을 씻고
이슬 속으로 들어갑니다

더 큰 빛을 만나기 위해
잠시,
고요 속에 몸을 뉩니다

오늘도
묵언 수행 중이오니
답신 주지 마십시오.

— 『푸른 느낌표!』(2006, 우리글)

감자

감자는 온몸이 눈이다
그래서 감자는 둥글둥글 세상을 본다
어둠 속에서도
온몸의 독을 모아 눈을 틔운다
그래서 새싹은 아름답다, 귀엽다
독은 힘이다
생명을 탄생시키는 힘이다
독을 함부로 쓰지 마라
덩이줄기에 나선형으로 나 있는 눈
달걀처럼 숨을 쉰다
눈에서 어린싹이 돋아난다
세상으로 나가
또 하나의 세상을 열기 위해 눈을 뜨는 것이다
그러나
감자는 눈의 뒤치다꺼리에 등이 휜다
그래도 눈이 수군대는 소리 들린다
비 오는 날 감자를 강판에 갈아

부추 호박 매운 고추 종종 썰어 넣고
감자전을 부치면 땅속에서 달이 떠오른다
달에도 수없이 많은 눈이 있다.

— 『바람도 구멍이 있어야 운다』(2016, 도서출판 움)

개망초꽃 추억

막걸리 한잔에 가슴 따숩던
어둡고 춥던 육십년대
술 마셔 주고 안주 비우는 일로
밥벌이하던 적이 있었지
청주 서문동 골목길의 막걸릿집
인심 좋고 몸피 푸짐한 뚱띵이 주모
만나다 보면 정이 든다고
자그맣고 음전하던 심한 사투리
경상도 계집애
좋아한다 말은 못하고
좋아하는 꽃이 뭐냐고 묻던
그냥 그냥 말만 해 달라더니
금빛 목걸이를 달아주고 달아난
얼굴이 하얗던 계집애
가버린 반생이 뜬세상 뜬정이라고
아무데서나 구름처럼 피어나는
서럽고 치사스런 정분이

집 나간 며느리 대신
손자들 달걀 프라이나 부치고 있는가
지상에 뿌려진 개망초 꽃구름
시월 들판에도 푸르게 피어나네.

— 『황금감옥』(2008, 우리글)

개화開花

바람 한 점 없는데
매화나무 풍경이 운다

아득한 경계를 넘어
가도 가도 사막길 같은 날
물고기가 눈을 뜬다
한 땀 한 땀 수를 놓듯
꽃 피는 소리에 놀라
허공에서 몸뚱이를 가만가만 흔들고 있다
꽃그늘에 앉아
술잔마다 꽃배를 띄우던
소인묵객騷人墨客들
마음 빼앗겨
잠시 주춤하는 사이
뼈만 남은 가지마다
폭발하는,

오오, 저 푸른 화약花藥내!

—『황금감옥』(2008, 우리글)

갯벌

노을이 타는
바닷속으로

소를 몰고
줄지어 들어가는

저녁녘의
女人들

노을빛이 살에 오른
바닷여인들.

—『화사기花史記』(1975, 시문학사)

겨울아침의주차장에서

겨울아침의주차장은항구였다
난장판된수라장이었다
안개덮인대폿집의한창때였다
통통대는목선들의아우성이었다
사람마다통통배엿다
약속도없는사람들이서로의이마빡에서
깨진활자의웃음을읽고있었다
까마귀가어둡게빙빙돌고있었다
초라한넋들도한창날아다니고있었다
그곳은꽃밭이었다
꽃밭의한낮이었다
여자와여자들의복부였다
신들은웃고있었다
신들은또울고있었다
어떤신은울지도않고웃지도않고있었다
사람은하나도없었다
모두짐승의세상이었다

돌아가는길은항상혼자였다

그러나그곳엔삶의맥이놀고있었다.

—『투망도投網圖』(1969, 선명문화사)

계영배戒盈杯

속정 깊은 사람 가슴속
따르고 따루어도 가득 차지 않는
잔 하나 감춰 두고
한마悍馬 한 마리 잡아타고
먼 길 같이 떠나고 싶네
마음 딴 데 두지 마라, 산들라
세상에 가장 따순 네 입술같이나
한잔 술이 내 영혼을 데우는 것은,
불꽃으로 타오르는 그리움처럼
줄지도 넘치지도 않는 술잔 위로
별들이 내려 빙글빙글 도는 것은,
무위無爲도 자연自然도 아니어서
내 마음이 텅 비어 있기 때문인가
은자隱者의 눈빛이나 미소처럼
입안 가득 번지는 넉넉한 향을
눈물로 태울까 말씀으로 비울까
온몸으로 따루어도

채워지지 않고 비워지지 않는

잔,

깊고 따뜻한 너.

—『비밀』(2010, 우리글)

그녀가 보고 싶다

크고 동그란 쌍거풀의 눈
살짝 가선이 지는 눈가
초롱초롱 빛나는 까만 눈빛
반듯한 이마와 오똑한 콧날
도톰하니 붉은 입술과 잘 익은 볼
단단하고 새하얀 치아
칠흑의 긴 머릿결과 두 귀
작은 턱과 가는 허리
탄력 있는 원추형 유방
연한 적색의 유두
긴 목선과 날씬한 다리
언뜻 드러나는 이쁜 배꼽
밝은 빛 감도는 튼실한 엉덩이
고슬고슬하고 도톰한 둔덕 아래
늘 촉촉 젖어 있는 우윳빛 샘
주렁주렁 보석 장신구 없으면 어때,
홍분 백분 바르지 않은 민낯으로

나풀나풀 가벼운 걸음걸이
깊은 속내 보이지 않는
또깡또깡 단단한 뼈대
건강한 오장육부와 맑은 피부
한번 보면 또 한 번 보고 싶은
하박하박하든 차란차란하든
품안에 포옥 안기는,

한 편의 시詩.

— 『봄, 벼락치다』(2006, 우리글)

그리움을 위하여

서로 스쳐 지나면서도
만나지 못하는 너를
보고 불러도 들리지 않는 너를
허망한 이 거리에서
이 모래틈에서
창백한 이마를 날리고 섰는 너를 위하여,

그림자도 없이 흔들리며 돌아오는 오늘 밤은 시를 쓸 것만 같다 어두운 밤에 몇몇이 어우러져 막소주 몇 잔에 서대문 네거리 하늘은 더 높아 보이고 둥두렷이 떠오른 저 달도 하늘의 술잔에 젖었는지 뿌연 달무리를 안고 있다 잠들기 전에 잠들기 전에 이 허전한 가슴으로 피가 도는 노래를 부르고 싶다.

네 속에 있는 나를
내 속에 있는 너를
우린 벌써 박살을 냈다.

아득한 나의 목소리
아득한 너의 목소리
아득한 우리 목소리.

돌아가야지 돌아가야지
썩은 사과 냄새에 취해
나는 내 그림자도 잃고 헤맴이여.

흙벽에 등을 대고 듣던
새벽녘 선한 공기를 찍는 까치 소리
한낮 솔숲의 뻐꾸기 울음
그믐밤 칠흑빛 소쩍새 울음.

보리푸름 위 종달새 밝은 봄빛과
삘기풀 찔레꽃의 평활 위하여
이 묵은 시간 거리의 떠남을 위하여.

— 『우리들의 말』(1977, 삼보문화사)

금강초롱

초롱꽃은 해마다 곱게 피어서
금강경을 푸르게 설법하는데
쇠북은 언제 울어 네게 닿을까
내 귀는 언제 열려 너를 품을까.

너를 향해 열린 빗장 지르지 못해
부처도 절도 없는 귀먹은 산속에서
꽃초롱 밝혀 걸고 금강경을 파노니
내 가슴속 눈먼 쇠북 울릴 때까지.

— 『독종毒種』(2012. 북인)

김치, 찍다

싱싱하고 방방한 허연 엉덩이들
죽 늘어섰다

때로는 죽을 줄도 알고
죽어야 사는 법을 아는 여자

방긋 웃음이 푸르게 피어나는
칼 맞은 몸

바다의 사리를 만나
한숨 자고 나서
얼른 몸을 씻고

파 마늘 생강 고추를 거느리고
조기 새우 갈치 까나리 시종을 배경으로,

잘 익어야지, 적당히 삭아야지

우화羽化가 아니라 죽어 사는 생生

갓 지은 이밥에
쭉 찢어 척, 걸쳐놓고

김치!

셔터를 누른다.

— 『황금감옥』(2008, 우리글)

까치와 권총

꿈속에서 까치가 떼지어 우짖고 있었다
머리맡에 시 한 편 놓여 있었다
까치 몇 마리 날아와 앉아 있었다
시안詩眼이 갓난아기 눈처럼 맑았다
동그랗게 빛났다
아기의 손에 이쁜 권총이 들려져 있었다
총을 쏘아도 소리가 나지 않았다
눈으로 들었기 때문이었다
관음觀音이란 말이 그래서 생겼다
화약 냄새가 한겨울의 매화 향기 같았다
사람들은 향기를 귀로 맡고 있었다
문향聞香이란 말은 그런 것이었다.

— 『비밀』(2010, 우리글)

꽃

이승의 꽃봉오린 하느님의 시한폭탄

때가 되면 절로 터져 세상 밝히고

눈뜬 이들의 먼눈을 다시 띄워서

저승까지 길 비추는 이승의 등불.

—『바람 센 날의 기억을 위하여』(1980, 민성사)

꽃나무 아래 서면 눈물나는 사랑아

꽃나무 아래 서면 눈이 슬픈 사람아
이 봄날 마음 둔 것들 눈독들이다
눈멀면 꽃 지고 상처도 사라지는가
욕하지 마라, 산것들 물오른다고
죽을 줄 모르고 달려오는 저 바람
마음도 주기 전 날아가 버리고 마니
네게 주는 눈길 쌓이면 무덤 되리라
꽃은 피어 온 세상 기가 넘쳐나지만
허기진 가난이면 또 어떻겠느냐
윤이월 달 아래 벙그는 저 빈 자궁들
제발 죄받을 일이라도 있어야겠다
취하지 않는 파도가 하늘에 닿아
아무래도 혼자서는 못 마시겠네
꽃나무 아래 서면 눈물나는 사랑아.

— 『봄, 벼락치다』(2006, 우리글)

꿈꾸는 아이들

꿈속에서 아이들을 만났습니다
모두 투명한 날개가 달려 있어
별에서 별로 날아다니고 있었습니다
아이들마다 눈에 별을 담아 반짝이고
아직 오지 않은 먼 내일을 바라보고 있었습니다
귀는 꽃처럼 생겨 있었습니다
모든 소리를 다 들을 수 있다고 하였습니다
풀과 새들이 와 이야기꽃을 피우고 있었습니다
말 한마디 한마디가 아름다운 시였습니다
새들과 함께 꽃 속으로 들어가 놀고 있었습니다
가슴에서 맑은 샘물이 솟고 있었습니다.
향기로운 말을 쏟아내는 아이들 모두 시인이었습니다
한평생 시를 쓴다는 내가 부끄러웠습니다
한없이 부끄럽고 초라했습니다
푸른 풀밭으로 굴렁쇠를 몰고 달리는 아이들
손끝에서 지구가 뱅글뱅글 돌고 있었습니다

비가 그친 풀밭에 쌍무지개가 피어 있었습니다
빛이 맑고 고운 수무지개와
엷은 빛깔의 암무지개를 아이들이 오르고 있었습니다
아이들은 꿈을 꾸고 있었습니다
세상이 환하고 따뜻했습니다.

—『독종』(2012, 북인)

난蘭과 수석壽石

한때 나는 난초에 미쳐 살았다
그때 임보 시인은 돌을 안고 놀았다

내가 난을 찾아 산으로 갈 때
그는 돌을 찾아 강으로 갔다

내가 산자락에 엎어져 넝쿨에 긁히고 있었을 때
그는 맑은 물소리로 마음을 씻고 깨끗이 닦았다

난초는 수명이 유한하지만
돌은 무한한 생명을 지닌다

난을 즐기던 나는 눈앞의 것밖에 보지 못했고
그는 돌을 가까이하여 멀리 있는 것을 보았다

그래서 나의 시는 찰나적인 것이 주류를 이루었고
그의 작품에는 영원의 향수가 향기롭게 배어 있다

한잔하면 나는 난초잎처럼 흔들리는데
그는 술자리에서도 바위처럼 끄떡없다

난과 수석이 서로 잘 어울리는 것을 보면
조화란 어떤 것인가, 차이는 또 무엇인가

눈 밝은 가을날 석란화 한 점 가만히 들여다보며
넷이서 마주앉아 매실주 한잔씩 기울이고 있다.

— 『독종』(2012, 북인)

난꽃이 피면

I

아무도 가지 않은 눈 위를
가고 있는 사람
모든 길이 눈 속으로 사라지고
길이 없는 이승을
홀로서 가는
쓸쓸한,
쓸쓸한 등이 보인다.

Ⅱ

진초록 보석으로 날개를 달고
눈을 감고 눈을 뜬다
만 가지 시름이 적막 속으로 사라지고
가장 지순한 발바닥이 젖어 있다
내장산 비자림 딸깍다릴 지날 때에도
영원은 고요로이 잠들어 있었거니
아무 일도 일어나지 않을 듯

투명한 이른 봄날 이른 아침에
실 한 오라기 걸치지 않은 여인女人의 중심中心
실한 무게의 남근男根이 하늘에 걸려 있다.

—『대추꽃 초록빛』(1987, 동천사)

난초꽃 한 송이 벌다

처서가 찾아왔습니다 그대가 반생을 비운 자리에 난초꽃 한 송이 소리 없이 날아와 가득히 피어납니다 많은 세월을 버리고 버린 물소리 고요 속에 소심素心 한 송이 속살빛으로 속살대며 피어납니다 청산가리 한 덩이 가슴에 품고 밤새도록 달려간다 한들 우리가 꽃나라에 정말 닿을 수 있겠으랴만 ……,

피어나는 꽃을 보고
그대는 꽃이 진다 하고 나는 꽃이 핀다 하네.

피고 지고 피고 지고
피고 지면서
목숨은 피어나는데 ……,

참 깊은 그대의 수심水深

하늘못이네.

우리가 본시부터
물이고 흙이고 바람이 아니었던가
또는 불이 아니었던가.

그리하여 물빛과 하늘빛 속에는 불빛도 피어나 황토빛 내음까지 실렸습니다 올해에도 여지없이 처서가 돌아와 산천초목들이 숨소리를 거르는데 늦꽃 소심 한 송이 피어 깊이깊이 가슴에 들어와 안깁니다.

푸르르르르 백옥 같은 몸을 떨며 비비며 난초꽃 한 송이 아프게 피었습니다.

—『애란愛蘭』(1998, 우이동사람들)

다시 가을에 서서

샐비어 활활 타는 길가 주막에
소주병이 빨갛게 타고 있다
불길 담담한 저녁 노을을
유리컵에 담고 있는 주모는
루비 영롱한 스칼릿 세이지빛
반짝이는 혀를 수없이 뱉고 있다
그미의 손톱이 튀어나와
어둠이 되고 파도가 되고 있다
살 속 가장 깊은 곳에서
석류꽃처럼 피던
그미의 은빛 넋두리가
드디어 하늘을 날고 있다
이슬을 쫓는 저녁 연기도
저문 산천의 으스름으로 섞여
꽃잎은 천阡의 바다를 눈썹에 이고
서른하나의 파도
허허한 내 오전의 미련을

부르르 부르르 경련을 하게 한다.

—『화사기花史記』(1975, 시문학사)

달항아리

백자대호나 원호라는 명칭은 너무 거창하다
좀 촌스럽고 바보스런 달항아리
우리 어머니가 나를 가졌을 때
넉넉하고 봉긋한 그 배가 아니겠는가
먹을 것 없어 늘 배가 비어 있어도
항아리는 배가 불룩해서 그지없이 충만하다
달이 떠서 밝아도 보름이고
달 없는 칠흑의 밤에도 보름달이다
문갑 위에 놓으면 방 안에도 달이 뜨고
아버지 가슴에도 달빛이 환하다
찬장 위에서 가난을 밝히는 달항아리
그것을 바라다보는 마음마다
이지러졌다 다시 차오르는 달로 뜬다
어린 자식의 응석을 다 받아 주고 품어 주는
어머니가 항아리를 안고 계신다
세상 사는 일 가끔 속아 주면 어떤가
어수룩하다고 바보가 아니다

어머니가 항아리 속 아버지 곁에 계신다.

* 白磁大壺와 圓壺는 달항아리의 다른 이름.

—『바람도 구멍이 있어야 운다』(2016, 도서출판 움)

대금 산조

— 耘波의 연주를 듣고

쌍골대 마디마디 구멍을 뚫어
여섯 개의 지공을 파고
청공 하나 칠성공 두 개
아홉 구멍이 취공의 호흡 따라
현현묘묘 울리는
진양조 중모리 중중모리 자진모리.

땅바닥에 좌정하고
젓대를 잡자
유구한 시간이 멎고
무변한 공간이 사라진다
천지간 적멸의 순간
사위가 태산처럼 고요하다.

드디어 취공에 혼을 불어넣자
안개가 울기 시작한다
어둠이 일어서고

고요가 꿈틀댄다
태산에서 샘이 솟는다
이승이 저승
저승이 이승
온몸의 피가 탄다
땅속에서 용암이 분출하고
천지가 진동한다.

갑자기 끊어질 듯 이어지는
한 많은 젊은 홀어미 흐느낌 소리
길게 길게
애끓는 울음 소리
남의 간장 다 녹이다
소리 없이 돌아서 사라진다.

피울음도 통곡도 다 부려 두고
가는 사람, 가는 사람아

버려라 버려라
모두 다 버려라
너도 버리고 나도 버려라
티끌세상 티끌세상 모두 버려라.

다시 이 산 저 산을 이어
무지개 무지개 쌍무지개 핀다
구름이 가듯 달이 가듯, 아니면
꿈인 듯 꿈속인 듯
아아, 고요해라 고요해라.

천년 묵은 바위를 뚫고
내리치는 고승의 할喝!
폭풍이 친다
이마에서 번개가 일고
천둥이 튄다, 이윽고
폭포가 되어 맨몸으로 떨어진다.

일순
배고픈 아이
젖 찾아 보채는 소리
꽃이 버는 듯 잎이 피는 듯
수수밭가 저녁하늘을 흔들다
적막강산 학이 날은다
천년, 천년 세월이 가듯.

그 녀석 어느새
수숫대처럼 자라 사랑을 하는구나
그리움에 불이 붙은 심장
아, 뛰는 심장이여
환희에 젖은 불꽃이여
태풍이여 물바다여 황홀이여.

혓바닥으로 화살을 쏜다

가슴마다 명중이다, 명중!
순간 바람이 차다
갑작스런 안개바다, 바닷안개
네가 보이지 않는다
나도 보이지 않는다.

바람소리 잡고
청대밭 가득 일렁이는
칠흑의 치맛자락 슬리는 소리, 소리
날샐 무렵
옥류천 모래알 구르는 소리
산빛 가득 담고 흐르는 명경지수
명경지수 맑은 물소리.

아아, 끝내는 이마에 땀이 차고
선녀들이 춤을 춘다
소리로, 혼으로 짓는 춤사위

백옥 같은 발이 간간 드러나다
쭉 벋은 곧은 다리
천상에 노닐던 저 백옥의 다리
땅을 힘껏 걷어차고
가쁜 숨 몰아내며 날아오른다.

희미한 수묵색 산하
금사은사로 내리는
교교한 달빛
가뭄천지에 내리는 빗줄기이다가
소리 없는 이슬비다
마음은 젖어 비워지고
가없는 허공중에
나는 없고 소리만 살아 있다
표표한 가락으로
소리만, 울림만 살아

천지의 잠을 깨우고 있다.

—『청별淸別』(1989, 동천사)

대풍류

날 선 비수 같은 달빛이
눈꽃 핀 댓잎 위에 내려앉았다
달빛에 놀라 쏟아져 내리는 은싸라기
그날 밤 대나무는 숨을 놓았다
목숨 떠난 이파리는 바람에 떨고
대나무는 바람神을 맞아들여
텅 빈 가슴속에 소리집을 짓는다
그렇게 몇 번의 겨울이 가고 나면
대나무는 마디마디 시린 한恨을 품어
줄줄이 소리 가락을 푸르게 풀어낸다
때로는 피리니 대금이니 이름하니
제 소리를 어쩌지 못해 대나무는
막힌 구멍을 풀어줄 때마다
실실이 푸른 한을 한 가닥씩 뽑어낸다
사람들은 마침내 바람 흘러가는 소리를

귀에 담아 풍류風流라 일컫는다.

—『비밀』(2010, 우리글)

독

네 앞에 서면
나는 그냥 배가 부르다

애인아, 잿물 같은
고독은 어둘수록 화안하다

눈이 내린 날
나는 독 속에서 독이 올라

오지든 질그릇이든
서서 죽는 침묵의 집이 된다.

— 『봄, 벼락치다』(2006, 우리글)

독종毒種

1

세상에서 제일의 맛은 독이다
물고기 가운데 맛이 가장 좋은 놈은
독이 있는 복어다

2

그러나 가장 무서운 독종은 인간이다
그들의 눈에 들지 마라
아름답다고 그들이 눈독을 들이면 꽃은 시든다
귀여운 새싹이 손을 타면
애잎은 손독이 올라 그냥 말라 죽는다
그들이 함부로덤부로 뱉는 말에도
독침이 있다
침 발린 말에 넘어가지 마라
말이 말벌도 되고 독화살이 되기도 한다

3

아름다운 색깔의 버섯은 독버섯이고
단풍이 고운 옻나무에도 독이 있다
곱고 아름다운 것들은
모두 독종이다

그러나 아름답지 못하면서도 독종이 있으니
바로 인간이라는 못된 종자이다

4
인간은 왜 맛이 없는가?

— 『독종』(2012, 북인)

둥근잎나팔꽃

아침에 피는 꽃은 누가 보고 싶어 피는가
홍자색 꽃 속으로
한번 들어가 보자고
가는 허리에 매달려 한나절을 기어오르다
어슴새벽부터 푸른 심장 뛰는 소리…,
헐떡이며 몇 백 리를 가면
너의 첫 입술에 온몸이 녹을 듯, 허나,
하릴없다 하릴없다 유성으로 지는 꽃잎들
그림자만 밟아도 슬픔으로 무너질까
다가가기도 마음 겨워 눈물이 나서
너에게 가는 영혼마저 지워 버리노라면
억장 무너지는 일 어디 하나 둘이랴만
꽃 속 천리 해는 지고
타는 들길을 홀로 가는 사내
천년의 고독을 안고, 어둠 속으로

뒷모습이 언뜻 하얗게 지워지고 있다.

—『봄, 벼락치다』(2006, 우리글)

마시는 밥

막걸리는 밥이다
논두렁 밭두렁에 앉아
하늘 보며 마시던 밥이다
물밥!
사랑으로 마시고
눈물로 안주하는
한숨으로 마시고
절망으로 입을 닦던
막걸리는 밥이다
마시는 밥!

―『투명한 슬픔』(1996, 작가정신)

만공滿空

눈을 버리면서
나는 세상을 보지 않기로 했다.

귀도 주면서
아무것도 듣지 않기로 했다.

마음을 내 마음대로 다 버리니
텅 빈 내 마음이 가득했다.

아무것도 아닌 것을
내 것이라고,

바보처럼
바보처럼 안고 살았다.

— 『독종毒種』(2012, 북인)

망망茫茫
– 나의 詩

널

관통하는

총알이 아니라

네 가슴 한복판에 꽂혀

한평생

푸르르르 떠는

금빛 화살이고 싶다

나의 詩는.

– 『독종』(2012, 북인)

망종芒種

고향집 텃논에 개구리 떼 그득하겠다
울음소리 하늘까지 물기둥 솟구치겠다
종달새 둥지마다 보리 익어 향긋하겠다
들녘의 농부들도 눈코 뜰 새 없겠다
저녁이면 은은한 등불 빛이 정답겠다
서로들 곤비를 등에 지고 잠이 들겠다.

— 『애란愛蘭』(1998, 우이동사람들)

매화나무 책 베고 눕다

겨우내 성찰한 걸 수화로 던지던 성자 매화나무
초록의 새장이 되어 온몸을 내어 주었다
새벽 참새 떼가 재재거리며 수다를 떨다 가고
아침 까치 몇 마리 방문해 구화가 요란하더니
나무 속에 몸을 감춘 새 한 마리
끼역끼역, 찌익찌익, 찌릭찌릭! 신호를 보낸다
'다 소용없다, 하릴없다!'는 뜻인가
내 귀는 오독으로 멀리 트여 황홀하다
한 치 앞도 모르는 게 인생이라는데
고요의 바다를 항해하는 한 잎의 배
죄 되지 않을까 문득 하늘을 본다
창공으로 날아오르는 입술들, 혓바닥들
천의 방언으로 천지가 팽팽하다, 푸르다
나무의 심장은 은백색 영혼의 날개를 달아
하늘 높이 날아오르고
언어의 자궁인 푸른 잎들
땡볕이 좋다고 금빛으로 반짝이고 있다

파다하니 뱉는 언어가 금방 고갈되었는지
적막이 낭자하게 나무를 감싸 안는다
아직까지 매달려 있는 탱탱한 열매 몇 알
적멸로 씻은 말 몇 마디 풀어내려는지
푸른 혓바닥을 열심히 날름대고 있다
바람의 말, 비의 말, 빛의 말들
호리고 감치는 품이 말끔하다 했는데
눈물에 젖었다 말랐는지 제법 가락이 붙었다
그때,
바로 뒷산에서 휘파람새가 화려하게 울고
우체부 아저씨가 다녀가셨다
전신마취를 한 듯한, 적요로운, 오후 3시.

— 『봄, 벼락치다』(2006, 우리글)

매화, 눈뜨다

국립4·19민주묘지
더디 오는 4월을 기다리는 수십 그루 매화나무
한겨울 추위를 이겨내고 꿋꿋하게 서 있다
지난여름 삼복 염천의 기운으로 맺은 꽃망울
4월이 오는 길목에서
그날의 함성처럼 이제 막 터지려 하고 있다
두근거리는 가슴이 심상찮다
그날 젊은이들도 이랬으리라
지금은 관음觀音 문향聞香이 문제가 아니다
사람들은 방향을 잃은 벌들처럼
무심하게 걸음을 재촉하며 헤매고 있다
한 시인 있어
막 터뜨리는 꽃망울을 보며
절창이야, 절창이야, 꽃을 읊고 있다
연못가 버드나무도 연둣빛 물이 올라
맑은 하늘을 올려다보고 있다
때 되면 철새처럼 몰려와 고갤 조아리고

금방 잊어버리고 마는 새대가리들
그날의 핏빛 뜨거운 함성은 들리지 않고
총선이 다가온 거리마다
떠덜새인 직박구리처럼 떼지어 수다를 떨고 있다
나라를 구하라[求國]는 듯
먼 산에서 산비둘기 구국구국 구슬피 울고 있다.

— 『독종』(2012, 북인)

먹통사랑

제자리서만 앞뒤로 구르는
두 바퀴 수레를 거느린 먹통,
먹통은 사랑이다
먹통은 먹줄을 늘여
목재나 석재 위에
곧은 선을 꼿꼿이 박아 놓는다
사물을 사물답게 낳기 위하여
둥근 먹통은 자궁이 된다
모든 생명체는 어둠 속에서 태어난다
어머니의 자궁도 어둡고
먹통도 깜깜하다
살아 있을 때는 빳빳하나
먹줄은 죽으면 곧은 직선을 남겨 놓고
다시 부드럽게 이어진 원이 된다
원은 무한 찰나의 직선인 계집이요
직선은 영원한 원인 사내다
그것도 모르는 너는 진짜 먹통이다

원은 움직임인 생명이요
또 다른 생명을 탄생시키기 위해 직선이 된다
둥근 대나무가 곧은 화살이 되어 날아가듯
탄생의 환희는 빛이 되어 피어난다
부드러운 실줄이 머금고 있는
먹물이고 싶다, 나는.

— 『푸른 느낌표!』(2006, 우리글)

명자꽃

꿈은 별이 된다고 한다
너에게 가는 길은
별과 별 사이 꿈꾸는 길
오늘 밤엔 별이 뜨지 않는다
별이 뜬들 또 뭘 하겠는가
사랑이란
지상에 별 하나 다는 일이라고
별것 아닌 듯이
늘 해가 뜨고 달이 뜨던
환한 얼굴의
명자 고년 말은 했지만
얼굴은 새빨갛게 물들었었지
밤이 오지 않는데 별이 뜰 것인가
잠이 오지 않는데 꿈이 올 것인가.

— 『황금감옥』(2008, 우리글)

무화과無花果

애 배는 것 부끄러운 일 아닌데
그녀는 왜 꼭꼭 숨기고 있는지
대체 누가 그녀를 범했을까
아비도 모르는 저 이쁜 것들, 주렁주렁,
스스로 익어 벙글어지다니
은밀이란 말이 딱 들어맞는다
오늘밤 슬그머니 문지방 넘어가 보면
어둠이 어둡지 않고 빛나고 있을까
벙어리처녀 애 뱄다고 애 먹이지 말고
울지 않는 새 울리려고 안달 마라
숨어서 하는 짓거리 더욱 달콤하다고
열매 속에선 꽃들이 난리가 아니다
질펀한 소리 고래고래 질러대며
무진무진 애쓰는 혼 뜬 사내 하나 있다.

— 『봄, 벼락치다』(2006, 우리글)

무교동武橋洞 · 1

빛나는 물, 빛인 물, 너 물이여
별인 물, 달인 물, 바람인 물, 불인 물,
무의미의 물이여
아득한 심장에 타는 불의
찬란한 불꽃이 잠들 때까지.

안개 속에서 누가 신방을 차리고
하염없음과 입맞추고 있다
바다에 익사한 30대 사내들
일어서는 손마다 별이 떨어지고
달이 깨어지고 있다
킬킬킬 무심한 저 달빛이
귀에 와 죽은 소리로 울며
바람이 되고
불이 되어 타고 있다.

십년도 천년도 네게는 꽃잎이거니
아픔과 잊음이 문을 열고
죽음까지도 황홀한 빛으로 빛나느니.

토요일 밤과 북소리와 오류와 망각이여
그대들은 언제나 빈객이다
깊디깊은 늪가의 수목들은 쓰러지고
뿌리마다 뿌리째 뽑히우고 있다.

물과 불의 영원한 친화를 위하여
밝음과 어둠의 평화를 위하여
모래 속을 헤매어 온 너의 의미가
오늘 밤은 꿈을 꾸리라 꿈꾸는 꿈을
빨갛게 익은 사과 두 알이 빠개지는 꿈을.

빛나는 물, 빛인 물, 무의미의 물인 너

아득한 심장에 혼자서 타는 불의

찬란한 불꽃이 죽을 때까지.

— 『무교동武橋洞』(1976, 태광문화사)

무교동武橋洞 · 15

대한민국의 자궁
서울의 클리토리스.

하늘로부터 낙낙히 나부끼는
천의 만의 꽃잎들
하늘의 하얀 깃발들
푸른 목덜미를 내놓은 채
낮의 미로를 헤매다
밤의 절벽으로
음산한 침묵을 깨며 내려앉는다
내려앉는다
창백한 웃음소리들.

잠자리 날개 같은 하루살이들이
차가운 안개에 싸여
히히히 히히히 히히덕거리며
자유! 정의! 평화! 하며 내리는

무수한 천상의 축복의 메시지
젊음의 텍스트를
민주주의의 오르가슴을 위하여
문을 열고 맞는 미명의 새벽바람.

주홍빛 찬란한 허벅다리
농자색 유방으로
반짝이며 난무하는 조화의 화원
여자들은 마른 꽃으로 피어나고
사내들은 열심히 죽음을 연습한다
날이 새고 밤이 밝는다
거대한 도시
위대한 도시
빛의 충만을 위하여
끝없이 함몰하는 저 개미들의 땀과 피
별과 함께 늪 속으로 늪 속으로.

벌거숭이 강철과 불빛과
미궁 속에서 암담하게 바스러지는
한 줌 꿈인 모래알들.

영원한 종말
영원한 시작을 위하여
불의 꿈, 물의 꿈, 바람의 꿈, 모래의 꿈, 소리의 꿈, 빛깔의 꿈, 사람의 꿈, 죽음의 꿈, 하늘의 꿈, 꿈의 꿈들을 싣고
바다로 바다로 달려가는
끝없는 한강 줄기.

물빛에 반짝이는 허공의 불빛
절망의 하얀 손들이
그 불빛을 잡고
허허로이 나부끼는 덧없는 깃발이 되어
하염없이 펄럭이고 있다

영원한 끝
새로운 출발을 위하여,

대한민국의 자궁
서울의 클리토리스
숱한 뉘우침을 만나
질긴 어둠이 되고 있다.

—『무교동武橋洞』(1976, 태광문화사)

무위無爲의 시詩

– 愛蘭

너는
늘
가득 차 있어
네 앞에 서면
나는
비어 있을 뿐……
너는 언제나 무위의 시
무위의 춤
무위의 노래
나의 언어로 쌓을 수 없는 성
한밤이면
너는 수묵빛
사색의 이마가 별처럼 빛나, 나는
초록빛 희망이라고
초록빛 사랑이라고
초록빛 슬픔이라고 쓴다
새벽이 오면

상처 속에서도 사랑은 푸르리니
자연이여
칠흑 속에 박힌 그리움이여
화성華星의 처녀궁에서 오는
무위의 소식
푸른 파도로 파도를 밀면서 오네.

—『애란愛蘭』(1998, 우이동사람들)

물건

은화를 기르던 풋고추가
검붉은 색깔로 변하고
다시 시뻘건 물건으로 변화하면
은화가 금화로 바뀌었지
오줌 쏘기로 기선을 잡던 시절
멀리쏘기와 높이쏘기의 힘과 기술을 익혀
살았다 죽었다를 반복하는 만복의 중심
마침내 좆이 되었다
기적소리 기척도 없는 칠흑의 동굴로
열차는 기름 먹은 몸으로 달려가다
번개 치고 천둥 울고 벼락 때리는
불 속으로 뛰어들면
새벽을 깨우는 소방차 소리 요란했다
나의 보석 같은 대리석 기둥
죽음과 삶이 공존하는
푸른 바다를 홀로 항해하는 일등 항해사의
돛대였다

살면 서고 죽으면 줄어드는
이 은밀한 생명의 신비여
검붉은 청동빛 기둥에 새겨진 비명碑銘
비명소리만 늘 요란했지 별것 아니었다고
말하지 마라
살아 있다는 것은 늘 요란한 것
살고 죽는 것이 둘이 아니라 하나다
무술[玄酒] 삼천 사발을 마시고 나면.

—『바람도 구멍이 있어야 운다』(2016, 도서출판 움)

물의 뼈

물이 절벽을 뛰어내리는 것은
목숨 있는 것들을 세우기 위해서다

폭포의 흰 치맛자락 속에는
거슬러 오르는 연어 떼가 있다

길바닥에 던져진 바랭이나 달개비도
비가 오면 꼿꼿이 몸을 세우듯

빈자리가 다 차면 주저 없이 흘러내릴 뿐
물이 무리하는 법은 없다

생명을 세우는 것은 단단한 뼈가 아니라
물이 만드는 부드러운 뼈다

내 몸에 물이 가득 차야 너에게 웃음을 주고
영원으로 가는 길을 뚫는다

막지 마라 물은 갈 길을 갈 뿐이다.

—『황금감옥』(2008, 우리글)

밥

밥은 금방 지어 윤기 잘잘 흐를 때
푹푹 떠서 후후 불며 먹어야
밥맛 입맛 제대로 나는 법이지
전기밥솥으로 손쉽게 지어
며칠을 두고 먹는 지겨운 밥
색깔까지 변하고 맛도 떨어진
그건 밥이 아니다 밥이 아니야
네 귀 달린 무쇠솥에 햅쌀 씻어 안치고
오긋한 아구리에 소댕을 덮어
아궁이에 불 지펴 나무 때어 짓는
아아, 어머니의 손맛이여,
손때 묻어 반질반질한 검은 솥뚜껑
불길 고르다 닳아빠진 부지깽이
후둑후둑 타는 청솔가리
설설 기는 볏짚이나 탁탁 튀는 보릿짚
참깻단, 콩깍지, 수숫대
풍구 바람으로 때던 왕겨 냄새 그리운 날

냉장고 뒤져 반찬 꺼내기도 귀찮아
밥 한 공기 달랑 퍼 놓고
김치로 때우는 점심 홀로 서글퍼
석 달 열흘 가도 배고프지 않을
눈앞에 자르르 어른거리는 이밥 한 그릇
모락모락 오르는 저녁 짓는 연기처럼
아아, 그리운 어머니의 손맛!
그러나 세상은 그게 전부가 아닐세
시장이 반찬이라 하지 않던가
새들은 나무 열매 몇 알이면 그만이고
백수의 제왕도 배가 차면 욕심내지 않네
썩은 것도 가리지 않는 청소부
껄떡대는 하이에나도 당당하다
배고픈 자에겐 찬밥도 꿀맛이요
밥 한 술 김치 한 쪽이면 임금님 밥상
그러니 지상은 늘 우리의 만찬장이 아닌가.

— 『황금감옥』(2008, 우리글)

방짜징

죽도록 맞고 태어나
평생을 맞고 사는 삶이러니,

수천수만 번 두드려 맞으면서
얼마나 많은 울음의 파문을 새기고 새겼던가
소리밥을 지어 파문에 담아 채로 사방에 날리면
천지가 깊고 은은한 소리를 품어
풀 나무 새 짐승들과
산과 들과 하늘과 사람들이 모두
가슴속에 울음통을 만들지 않는가
바다도 바람도 수많은 파문으로 화답하지 않는가
나는 소리의 자궁
뜨거운 눈물로 한 겹 한 겹 옷을 벗고
한평생 떨며 떨며 소리로 가는 길마다
울고 싶어서
지잉 징 울음꽃 피우고 싶어
가만히 있으면 죽은 목숨인 나를

맞아야 사는, 맞아야 서는 나를
때려 다오, 때려 다오, 방자야!
파르르 떠는 울림 있어 방짜인
나는 늘 채가 고파

너를 그리워하느니
네가 그리워 안달하느니!

— 『비밀』(2010, 우리글)

봄, 벼락치다

천길 낭떠러지다, 봄은.

어디 불이라도 났는지
흔들리는 산자락마다 연분홍 파르티잔들
역병이 창궐하듯
여북했으면 저리들일까.

나무들은 소신공양을 하고 바위마다 향 피워 예불 드리는데 겨우내 다독였던 몸뚱어리 문 열고 나오는 게 춘향이 여부없다 아련한 봄날 산것들 분통 챙겨 이리저리 연을 엮고 햇빛이 너무 맑아 내가 날 부르는 소리,

우주란 본시 한 채의 집이거늘 살피가 어디 있다고 새 날개 위에도 꽃가지에도 한자리 하지 못하고

잠행하는 바람처럼 마음의 삭도를 끼고 멍이 드는 윤이월 스무이틀 이마가 서늘한 북한산 기슭으로 도지는 화병,

벼락치고 있다, 소소명명!

—『봄, 벼락치다』(2006, 우리글)

부채

한평생
바람만 피웠다

여름내 무더위에
몸뚱어리 흔들어 쌓다

살은 다 찢겨나가고
뼈만 남아

초라한 몰골
아궁일 바라보고 있다.

— 『바람도 구멍이 있어야 운다』(2017, 움)

비밀

그 여자 귀에 들어가면
세상이 다 아는 건 시간문제다
조심하라 네 입을 조심하라
그녀의 입은 가볍고 싸다
무겁고 비싼 네 입도 별수 없지만
혼자 알고 있기엔 아깝다고
입이 근지럽다고
허투루 발설 마라
말끝에 말이 난다
네 말 한 마리가 만의 말을 끌고 날아간다
말이란 다산성이라 새끼를 많이 낳는다
그 여자 귀엔 천 마리 파발마가 달리고 있다
말은 발이 없어 빨리 달린다, 아니, 난다
그러니 남의 말은 함부로덤부로 타지 마라
말발굽에 밟히면 그냥 가는 수가 있다
그 여자 귓속에는 세상의 귀가 다 들어 있다
그 여자 귀는 천 개의 나발이다

그녀는 늘 나발을 불며 날아다닌다
한번, 그녀의 귀에 들어가 보라
새끼 낳은 늙은 암퇘지 걸근거리듯
그녀는 비밀肥蜜을 먹고 비밀秘密을 까는 촉새다
'이건 너와 나만 아는 비밀이다'.

— 『비밀』(2010, 우리글)

비백飛白

그의 글씨를 보면
폭포가 쏟아진다
물소리가 푸르다
언제 터질지 모를
불발탄이 숨겨져 있다
한켠 텅 빈 공간
마음이 비워지고
바람소리 들린다
펑! 터지는 폭발소리에
멈칫 눈길이 멎자
하얀 눈길이 펼쳐진다
날아가던 새들도
행렬을 바꾸어
끼룩대면서
글씨 속에 묻히고 만다
길을 잃은 사람이
보이지 않는다

한구석에 보일 듯 말 듯
뒷짐지고 서 있던
그가 화선지에서 걸어 나온다.

—『비밀』(2010, 우리글)

사랑

번개 치고
천둥 울고
벼락 때리는

국지성
집중 호우,

또는
회오리바람.

— 『비밀』(2010, 우리글)

산벚나무 꽃잎 다 날리고

– 은적암隱寂庵에서

꽃 피며 피는 이파리도 연하고 고와라
때가 되면 자는 바람에도 봄비처럼 내리는
엷은 붉은빛 꽃이파리 이파리여
잠깐 머물던 자리 버리고 하릴없이,
혹은 홀연히 오리나무 사이사이로
하르르하르르 내리는 산골짜기 암자터
기왕 가야 할 길 망설일 것 있으랴만
우리들의 그리움도 사랑도 저리 지고 마는가
온 길이 어디고 갈 길이 어디든 어떠랴
하늘 가득 점점이 날리는 마음결마다
귀먹은 꽃이파리 말도 못하고 아득히,
하늘하늘 깃털처럼 하염없이 지고 있는데
우리들 사는 게 구름결이 아니겠느냐
우리가 가는 길이 물길 따르는 것일지라
흐르다 보면 우리도 문득 물빛으로 바래서
누군가를 위해 잠시 그들의 노래가 될 수 있으랴
재자재자 끊임없이 흘러가는 물소리 따라

마음속 구름집도 그냥 삭아내리지마는
새로 피어나는 초록빛 이파리 더욱 고와라.

— 『푸른 느낌표!』(2006, 우리글)

산수유 그 여자

눈부신 금빛으로 피어나는
누이야,
네가 그리워 봄은 왔다

저 하늘로부터
이 땅에까지
푸르름이 짙어 어질머리 나고

대지가 시들시들 시들마를 때
너의 사랑은 빨갛게 익어
조롱조롱 매달렸나니

흰눈이 온통 여백으로 빛나는
한겨울, 너는
늙으신 어머니의 마른 젖꼭지

아아, 머지않아 봄은 또 오것다.

—『황금감옥』(2008, 우리글)

산책

산책은 산 책이다
돈을 주고 산 책이 아니라
살아 있는 책이다
발이 읽고
눈으로 듣고
귀로 봐도 책하지 않는 책
책이라면 학을 떼는 사람도
산책을 하며 산 책을 펼친다
느릿느릿,
사색으로 가는 깊은 길을 따라
자연경自然經을 읽는다
한 발 한 발.

— 『독종』(2012, 북인)

살풀이춤

풀어라 풀어라 살을 풀어라
반세기 반신불수 버르적거리는
백두산 천지 한 손에 잡고
한라산 백록담 딴 손에 올려놓고
묘향 구월 설악 금강 지리산 가슴에 품어
북한산 도봉산 손을 잡아라
온갖 새들 꽃 속에 노래하고
노루 토끼 다람쥐 겁없이 뛰어노는
비무장지대 우거진 풀밭에 서서
안주 용천 예당 연백 경기평야
나주 김해 호남의 너른 들판에 서서
몸을 던져 풀어라
백두대간 바윗속 흐르는 물길이듯이
죽은 듯이 잠자던 푸나무들
봄이 오면 맥이 뛰어 푸르러지듯
두만강 낙동강 대동강 청천강
영산강 압록강 섬진강이 모두

한강으로 한강이 되게
살 풀어라 살 풀어라
혼을 던져 추기고
맺힌 한을 풀어 풀어
백두산 상상봉에 북을 놓고
물보라 푸르게 하늘까지 피우고
한라산 꼭대기에 북을 놓아
사슴 떼 덩실덩실 춤을 추도록
칠천만이 일어나 북을,
북을 때리면
두 팔을 서서히 들어 올리며
장단 따라 엇바꿔 떨어뜨릴 때
흐르다 멈칫 꺾여지고
팔이 들리면서 온몸이 떠오르네
치마를 돌려 잡은 손
앞으로 뻗은 팔에 장단이 실려
돌다가 머무르고

다시 돌아 놀아 보고 으쓱으쓱 치올리니
가득가득 차는구나
칠천만의 춤사위 천지가 차는구나
흰 명주수건 긴 자락
오른팔 왼팔로 옮겨잡고
때로는 던져서 떨어뜨리고
몸을 굽혀 엎드려 들어올리며
울음으로 떨치고 기쁨으로 사루나니
울림 속의 정적으로
고요 속의 떨림으로
센 살 풀고 끼인 살 풀어
살아 속박 이냥 풀어 자유천지 그곳으로
피리 대금 장구 해금 북소리 어우러진
그곳,
푸른 안개 속 문득 무의 춤이 있구나
백두 한라 두 가슴 풀어
그곳도 흥건히 젖어

땅기운 하늘기운 바람기운으로
살풀이 살풀이 춤을 추어라
동해바다 서해바다 남해바다가
남녘땅 북녘땅 기운을 모아
통일, 통일하는 춤을 추어라
비색을 푸는 바람의 손길따라
흰 돛단배 신명의 바다로 떠나가고
제주도 백령도 독도 신미도가 눈썹 위에 뜨는구나
흰옷 입은 사람들의 꿈으로 엮는
춤의 춤, 마지막 춤, 살을 풀어 추는 춤,
떨리는 아름다움
멈춤 속의 움직임
눈물 젖은 웃음으로
살 풀고 액 때우고
화를 사뤄 한을 풀어
온몸으로 춤을, 춤을 추어라
신이 오르고 신명이 나서

마침내 하나가 되는
그날까지 그날까지 춤을 추어라
산 하나 강 하나 하늘 하나 땅 하나
아아, 드디어, 우리도 하나
살풀이 살풀이 춤을 추네.

—『난초밭 일궈 놓고』(1994, 동천사)

상사화相思花

내가
마음을 비워
네게로 가듯
너도
몸 버리고
마음만으로
내게로 오라
너는
내 자리를 비우고
나는
네 자리를 채우자
오명가명
만나지 못하는 것은
우리가 가는 길이 하나이기 때문
마음의 끝이 지고
산그늘 강물에 잠기우듯
그리움은

넘쳐 넘쳐 길을 끊나니
저문저문 저무는 강가에서
보라
저 물이 울며 가는 곳
멀고 먼 지름길 따라
곤비한 영혼 하나
낯설게 떠도는 것을!

—『푸른 느낌표!』(2006, 우리글)

새는 뒤로 날지 않는다

새가 나는 것은 공간만이 아니다.
새는 시간 속을 앞으로 날아간다.
때로는 오르내리기도 하면서 ~~~
날개는 뒤로 가는 길을 알지 못한다.
신은 새에게,
뒤로 나는 법을 가르쳐 주지 않았다.

— 『비밀』(2010, 우리글)

새벽 세 시

단단한 어둠이 밤을 내리찍고 있다
허공에 걸려 있는
칠흑의 도끼,
밤은 비명을 치며 깨어지고
빛나는 적막이 눈을 말똥처럼 뜨고 있다.

— 『봄, 벼락치다』(2006, 우리글)

샘을 품다

명절 때가 되면
마을 장정들이 모여 샘을 품었다
샘의 눈이 흐려지면 안 되기 때문이다
찰랑이는 물을 다 품어내고
물로 몸을 치고 다시 물을 품은 샘
새로 들어와 안긴 하늘도 새물내 난다
우리도 마음이 흐려지면
가슴에 하늘샘 하나 품을 일이다
가끔은 우두커니 서서
그 깊은 물속을 물끄러미 들여다봐야 한다
오직 채우기 위해 솟아오르는 물
아무리 퍼내도 표나지 않는 물
그러니 비움과 채움이 다르지 않다
우물진 네 뺨에 맑은 물 넘치도록
우물을 품어 가슴 물꼬에 젖을 댈 일이다
그래야 꼬물대는 정신도 살아 서는 법
빈 속에 물이 차면 밤마다 별들이 내려왔다

새벽녘 두레박 오르내리는 소리
장독대 정화수에 아침이 빛났다.

—『바람도 구멍이 있어야 운다』(2016, 도서출판 움)

석류石榴

줄 듯
줄 듯

입맛만 다시게 하고
주지 않는

겉멋만 들어
화려하고

가득한 듯
텅 빈

먹음직하나
침만 고이게 하는

얼굴이 동그란
그 여자

입술 뾰족 내밀고 있는.

― 『황금감옥』(2008, 우리글)

선덕여왕善德女王

구름만 데리고 노는
해안선을 종일 바라보다가
바닷가운데 갈앉은
선덕여왕 금가락지
삼월 바다의 모가질 껴안고
하늘가를 바알바알 기어오르면
싱싱한 아침 꽃이 피는
골목길의 금수레바퀴를 따라
천년 율동이던
항아릴 어르던 손
달밤의 목소릴 몰고 온다.

― 『투망도投網圖』(1969, 선명문화사)

선화공주善花公主

종일 피릴 불어도
노래 한 가락 살아나지 않는다.

천년 피먹은 가락
그리 쉽게야 울리야만
구름장만 날리는
해안선의 파돗소리.

물거품 말아 올려 구름 띄우고
바닷가운데 흔들리는 순금 한 말
가슴으로 속가슴으로
모가지를 매어달리는 빛살
천년 서라벌의 나뭇이파리.

달빛을 흔들어 놓고
조상네 강물을 울어
손가락 입술까지 적신다만

금빛 가락 은빛 가락은
눈물 뿌리던 사랑.

먼지 쌓이는 한낮에 놀다 가는
그림자뿐.

— 『투망도投網圖』(1969, 선명문화사)

설마雪馬

눈처럼 흰 말
눈 속에 사는 말
눈 속을 달려가는 말

설마 그런 말이 있기는 하랴마는
눈처럼 흰 설마를 찾아
눈 속으로 나 홀로 헤맨다 한들

설마 누가 뭐라고 하겠는가만
말은 한 마리도 보이지 않고
말 달려가는 요란한 소리만 들려올 뿐

한평생 허위허위 걸어온 길이라 해도
앞이 전혀 보이지 않아 막막하니
말꾼 찾아 마량馬糧을 준비할 일인가

오늘 밤도 눈 쌓이는 소리

창 밖에 환한데
설마가 사람 잡는다 해도

나를 비우고 지우면서
설마, 설마, 하는 마음으로
설마를 찾아 길 없는 밤길을 나서네.

— 『비밀』(2010, 우리글)

설중매 앞에 서서

1

수억 광년을 잠자던 별들이

싸늘한 영혼으로 터뜨리는

하얀 불꽃이다

2

싸락눈 같은 창백한 속삭임

새벽 4시의

무명無明

3

별똥별의

추락

화사한, 화사한

마침표

4

천상天上의 문양紋樣

가지마다

청청백백淸淸白白

청허淸虛로다

5

청천벽력 같은

투명한

불꽃 앞에

그냥 죄스럽다

마냥 부끄럽다.

— 『투명한 슬픔』(1996, 작가정신)

세이천행洗耳泉行

상을 받는 건 좋은 일인가?
상을 타는 건 신나는 일인가?
상을 타고 받는 상상은 즐겁고 행복한 일인가?

상을 타도록 누가 추천하겠다고 합니다
나는 상을 받을 만한 작품을 쓴 적도 없습니다
상을 탈 만한 인물도 못 됩니다
그런데 누구누구한테 빨리 시집을 보내라고 합니다
하나밖에 없는 딸을 시집보낸 지 채 한 해도 되지 않았습니다
언제 딸을 낳아 길러 시집을 보내나 걱정입니다
평생 시집 안 보내고 상 안 받는 게 편합니다
이제껏 안 받은 상 이제 받아 뭣 하겠습니까
그러니 다음과 같이 추천의 글을 써 주십시오

"위의 사람은 상을 받을 자격도 없고
상을 받을 위인도 아니니

이 사람에게 상을 주지 않도록 이에 추천합니다

2015년 00월 00일

추천인 0 0 0 (인)"

"시인은 감투도 명예도 아니다

상을 타기 위해, 시비를 세우기 위해, 동분하고 서주할 일인가

그 시간과 수고를 시 쓰는 일에 투자하라

그것이 시인에겐 소득이요, 독자에겐 기쁨이다

오로지 올곧은 선비의 양심과 정신이 필요할 따름이다

변두리 시인이면 어떻고 아웃사이더면 어떤가

목숨이 내 것이듯 시도 갈 때는 다 놓고 갈 것이니 누굴 위해 쓰는 것은 아니다

시詩는 시적是的인 것임을 시인詩人으로서 시인是認한다

생전에 상을 받을 일도, 살아서 시비를 세울 일도

없다

상賞으로 상傷을 당할 일도 아니고 시비詩碑로 시비是非에 휘말리고 싶지도 않다

시인은 새벽 한 대접의 냉수로 충분한 대접을 받는다

시는 시로서, 시인은 시인으로서 존재하면 된다

그것이 시인이 받을 보상이다."

—「명창정궤明窓淨几의 詩를 위하여」의 일부, 『비밀』

(2010, 우리글)

"이름없는 시인이란 말이 있다

시인은 이름으로 말해선 안 된다

다만 시로 말해야 한다

이름이나 얻으려고 장바닥의 주린 개처럼 진자리 마른자리 가리지 않고 기웃대지는 말 일이다

그래서 천박舛駁하거나 천박淺薄한 유명시인이 되

면 무얼 하겠는가

속물시인, 시인이라는 이름으로 꺼귀꺼귀하는 속물이 되지 말 일이다

가슴에 산을 담고 물처럼 바람처럼 자유스럽게 사는 시인

자연을 즐기며 벗바리 삼아 올곧게 사는 시인

욕심없이 허물없이 멋을 누리는 정신이 느티나무 같은 시인

유명한 시인보다는 혼이 살아 있는 시인, 만나면 반가운 시를 쓰는 좋은 시인이 될 일이다."

—「고운야학孤雲野鶴의 詩를 위하여」의 일부,

시선집『시인이여 詩人이여』(2011, 우리글)

나,

오늘

북한산 우이동 골짜기

세이천洗耳泉에 올라갑니다.

— 『바람도 구멍이 있어야 운다』(2016, 도서출판 움)

소금과 시詩

소금밭에 끌려온 바다가
햇볕과 바람으로 제 몸을 다 버리고 나서야
잘 여문 소금이 영롱하게 피어난다
맛의 시종인, 아니 황제인 소금의 몸에서
밀물과 썰물이 놀고 있는 소리 들린다.

소금을 기르는 염부의 등을 타고 흘러내린
수천수만 땀방울의 울력으로
바다의 꽃, 물의 사리인
가장 맛있는 바다의 보석이 탄생하듯이,

시인은 말의 바다를 가슴에 품고
소금을 빚는 염부,
몇 달 몇 년이 무슨 대수냐면서
한 편의 시는 서서히 소금으로 익어간다.

어둔 창고 속에서 간수가 빠져나가야

달고도 짠 소금이 만들어지듯
서둘지 마라,
느긋하게 뜸을 들이며
가슴속 언어산의 시꽃은 열매를 맺는다.

— 『독종』(2012, 북인)

소금쟁이

북한산 골짜기
산을 씻고 내려온 맑은 물
잠시,
머물며 가는 물마당
소금쟁이 한 마리
물위를 젓다
뛰어다니다,
물속에 잠긴 산 그림자
껴안고 있는 긴 다리
진경산수
한 폭,

적멸의 여백!

— 『봄, 벼락치다』(2006, 우리글)

소심 개화素心開花

한가을 둥근달
맑은 빛살로
바느질 자국
하나
남기지 않고
밤 도와 마름하여

첫날밤 지샌
새댁
정화수
앞에 놓고
두 손 모으다

바람도 자는데
바르르
떠는
하늘빛 고운 울음

영원 같은 거

엷은 고요
무봉천의 한 자락
홀로 맑은

지상의 한뼘 자리
젖빛 향기 속
선녀 하강하다.

— 『은자의 북』(1992, 작가정신)

수련睡蓮 그늘

수련이 물위에 드리우는 그늘이
천 길 물속 섬려한 하늘이라면
칠흑의 아픔까지 금세 환해지겠네
그늘이란 너를 기다리며 깊어지는
내 마음의 거문고 소리 아니겠느냐
그 속에 들어와 수련꽃 무릎베개 하고
푸르게 한잠 자고 싶지 않느냐
남실남실 잔물결에 나울거리는
천마天馬의 발자국들
수련잎에 눈물 하나 고여 있거든
그리움의 사리라 어림치거라
물속 암자에서 피워 올리는
푸른 독경의 소리 없는 해인海印을
무릎 꿇고 엎드려 귀 기울인다 한들
저 하얀 꽃의 속내를 짐작이나 하겠느냐
시름시름 속울음 시리게 삭아
물에 잠긴 하늘이 마냥 깊구나

물잠자리 한 마리 물탑 쌓고 날아오르거든
네 마음 이랑이랑 빗장 지르고
천마 한 마리 가슴속에 품어 두어라
수련이 드리운 그늘이 깊고 환하다.

— 『독종』(2012, 북인)

숫돌은 자신을 버려 칼을 벼린다

제 몸을 바쳐
저보다 강한 칼을 먹는
숫돌,

영혼에 살이 찌면 무딘 칼이 된다.

날을 세워 살진 마음을 베려면
자신을 갈아
한 생生을 빛내고,

살아남기 위해서는 버려야 한다.
서로 맞붙어 울어야
비로소 이루는
상생相生,

칼과 숫돌 사이에는 시린 영혼의 눈물이 있다.

—『봄, 벼락치다』(2006, 우리글)

시간과 죽음

철커덕, 시간과 죽음의 문이 닫히고
빛도 소리도 완전히 차단되었다
모든 것을 포기하고 어딘가로 한없이 떨어져 내렸다
걱정의 눈빛들이 잠시 마주치다 돌아선 후
드디어 이승의 경계를 넘어서 굴러갔다
마지막으로 돌아본 다음 하나 두울 세엣 그리고 그만이었다
끓던 번민과 격정도 한 줌 바람일 뿐
저문 강에 떠가는 낙엽이었다 나의 목숨은.

텅 비어 버린 가슴으로 낯선 암흑이 파고들었다
온몸이 묶이고 옥죄어지고
깊은 산 나무들이 마구 베어져 쓰러졌다
나는 자동세탁기 속의 빨랫감이었다
한 치 뒤를 못 보는 장님들이 줄지어 가고 있었다
홀로! 홀로! 하며 어우러짐을 갈구하면서

막막한 들판에 서서 암흑 속에 눈을 던졌다
다시 못 만날 세상을 죽여야 했다 나는.

무엇이 왜 그렇게 서러운지 속으로 속으로 나는 울었다
한 사람의 생애가 바람소리만 내며 흔들리고
이제 눈물 위에 둥둥 뜨는 어둔 바다 잔물결
손에 잡히는 백지마다 크레파스를 마구 문질러댔다
사랑도 추억도 연민도 희망도 그리고 모두를
아무 색깔도 나타나지 않을 때까지
그러고 나서 그 어둡고 기인 터널을 지나
거지중천에 내동댕이쳐졌다 나는.

서울의 하늘이 저리 푸르른지 나는 알지 못했다
저 어두운 콘크리트숲도 바퀴벌레의 음흉함도 유쾌하다

다시 보는 모습들과 손길의 살가움이여
이제 나도 스스로 바다를 이루어 저 해를 품고
살아 있는 것들을 사랑해야 하리라
도시의 지평선으로 떨어지는 하루의 빨간 심장을 본다
이 밤은 가고 날은 밝으리라
나도 한 그루 나무로 서서 숲을 지키리라.

— 『淸別』(1989, 동천사)

시時를 쓰다

"매일 새벽 3시, 나는 어김없이 눈을 뜬다
時를 쓰지 않고는 견딜 수 없기 때문이다.//
쓰지 않고는 견딜 수 없어
時를 쓰며 살아온 40년…….//
신작 『비밀』로 돌아온 그에게
이 시대의 時를 묻다."

그렇다, 40년간 時를 쓰다
언뜻 눈을 뜨니
남은 것은 詩뿐이었다
절[寺]에 들어가 경도 외지 않고
날[日]만 쓰니 말씀[言]이 남았다
시인은 詩에 時를 써야 하는가
왜 나에게 時를 묻는가
텅 빈 내 가슴속 언저리에
귀먹은 거문고 하나 세워놓고
현간絃間을 읽다 보니

행간行間에 거문고 소리가 놀고 있다
흰 소리와 검은 소리 아래
우선 밑줄 하나 긋는다
천신千辛과 만고萬苦의 세상에서
어쩌자고 이 시대 時를 묻는 것인가
분명 詩를 묻는 것은 아니다
묻힌 것이 時든 詩든 모두 시든 것뿐이어서
내가 묻는 것에 대한 답을 찾기 어려웠다
時人이 詩人인가, 詩人이 時人인가
나는 도대체 알 수가 없다.

* 2010. 6. 27. 청주KBS에서 방영된 '문화현장 인터뷰 人'의 자막임.

—『독종』(2012, 북인)

시월

가을 깊은 시월이면
싸리꽃 꽃자리도
자질자질 잦아든 때,

하늘에선 가야금 퉁기는 소리
팽팽한 긴장 속에
끊어질 듯 끊어질 듯,

금빛 은빛으로 빛나는
머언 만릿길을
마른 발로 가고 있는 사람
보인다.

물푸레나무 우듬지
까치 한 마리
투명한 심연으로, 냉큼,
뛰어들지 못하고,

온 세상이 빛과 소리에 취해
원형의 전설과 추억을 안고
추락,
추락하고 있다.

— 『비밀』(2010, 우리글)

시인이여 詩人이여

– 시환詩丸

말없이 살라는데 시는 써 무엇 하리
흘러가는 구름이나 바라다볼 일
산속에 숨어 사는 곧은 선비야
때 되면 산천초목 시를 토하듯
금결 같은 은결 같은 옥 같은 시를
붓 꺾어 가슴속에 새겨 두어라.

시 쓰는 일 부질없어 귀를 씻으면
바람소리 저 계곡에 시 읊는 소리
물소리 저 하늘에 시 읊는 소리
티 없이 살라는데 시 써서 무엇 하리
이 가을엔 다 버리고 바람 따르자
이 저녁엔 물결 위에 마음 띄우자.

– 『난초밭 일궈 놓고』(1994, 동천사)

아름다운 남루

잘 썩은 진흙이 연꽃을 피워 올리듯
산수유나무의 남루가
저 눈부시게 아름다운 빛깔을 솟구치게 한
힘이었구나!
누더기 누더기 걸친 말라빠진 사지마다
하늘 가까운 곳에서부터
잘잘잘 피어나는 꽃숭어리
바글바글 끓어오르는 소리
노랗게 환청으로 들리는 봄날
보랏빛 빨간 열매들
늙은 어머니 젖꼭지처럼, 아직도
달랑, 침묵으로 매달려 있는
거대한 시멘트 아파트 화단
초라한 누옥 한 채
쓰러질 듯 서 있다.

이 막막한 봄날

누덕누덕 기운 남루가 아름답다.

— 『봄, 벼락치다』(2006, 우리글)

안개꽃

살빛 고운 아기들이
꿈속에서 젖투정을 하고 있다
배냇짓으로 익은
하늘빛
아기들의 마을에는
늘 안개꽃이 피어 있다
무릎이 퍼렇도록 기는
토끼풀꽃 목걸이로
젖어 있는 울음 하나
고사리 손을 흔들어
흰 구름장을 목에 걸고
종종종
기고 있다 안개꽃 핀다.

—『우리들의 말』(1977, 삼보문화사)

얼음폭포

천년을 소리쳐도 알아듣는 이 없어

하얗게 목이 쉰 폭포는

내리쏟는 한 정신으로

마침내 얼어붙어 바보 경전이 되었다.

— 『바람도 구멍이 있어야 운다』(2016, 도서출판 움)

연가

맷방석 앞에 하고
너와 나 마주앉아 숨을 맞추어
맷손 같이 잡고 함께 돌리면
맷돌 가는 소리 어찌 곱지 않으랴
세월을 안고 세상 밖으로 원을 그리며
네 걱정 내 근심 모두 모아다
구멍에 살짝살짝 집어넣고 돌리다 보면
손잡은 자리 저리 반짝반짝 윤이 나고
고운 향기 끝간데 없으리니
곰보처럼 얽었으면 또 어떠랴 어떠하랴
둘이 만나 이렇게 고운 가루 갈아 내는데
끈이 없으면 매지 못하고
길이 아니라고 가지 못할까
가을가을 둘이서 밤 깊는 소리
쌓이는 고운 사랑 세월을 엮어
한 生을 다시 쌓는다 해도
이렇게 마주 앉아 맷돌이나 돌리자

나는 맷수쇠 중심을 잡고
너는 매암쇠 정을 모아다
설움도 아픔까지 곱게 갈아서
껍질은 후후 불어 멀리멀리 날리자
때로는 소금처럼 짜디짠 땀과 눈물도 넣고
소태처럼 쓰디쓴 슬픔과 미움도 집어넣으며
둘이서 다붓 앉아 느럭느럭 돌리다 보면
알갱이만 고이 갈려 쌓이지 않으랴
여기저기 부딪치며 흘러온 강물이나
사정없이 몰아치던 바람소리도
추억으로 날개 달고 날아올라서
하늘까지 잔잔히 어이 열리지 않으랴.

—『봄, 벼락치다』(2006, 우리글)

봄, 그 금빛 사태

아침은 강물소리로 열려
햇살은 금빛, 사태져 흐르고
죽음을 털고 일어서
열기를 더하는 가느란 생명,
짙은 호흡
겨우내 달아오르던
거대한 수목들의 뿌리며
몇 알 구근의 견고한 의지
단단한 밤의 안개를 털며
아픈 파도로 솟았다
청청한 구름을 날리는 하늘,
은밀한 눈짓에서 언뜻 틔어오는
달뜬 사랑의 비밀.
고요 속에 벙그는 다디단 꿈
온 세상은 불밝아

아지랑이로 타오르며
건강하게 웃고 있었다.

여름, 그 찬란한 허무

죽음을 앓던 고통도 허무도
뜨거운 태양 앞에선
한 치의 안개일 뿐.
또 하나의 허탈과
어둠을 예비하고
폭군처럼 몰고 가는 자연의 행진
가을의 풍요론 황금 하늘을 위해
영혼의 불은 끝없이 타오르고
폭염으로 타는 집념의 숲
무성한 잎들의 요란한 군무소리,
모든 생애를 압도하는

천국의 바람
일상의 타협과 미련을 거부하고
폭풍으로 파도로
새벽의 꿈을 거르던
경험의 손가락
무거운 열매를 접목하고 있었다.

가을, 그 금간 혁명

무성하던 의식의 숲 속
이승의 맑은 노랫가락,
이마에 어리던 어두운 그림자도
인고의 폭풍우에 사라지고
가슴에 타던 불꽃의 해일
한 줄의 금덩이로 남고
맑은 눈썹달의 낭만이

단단한 껍질 속에 구르는
짙은 안개,
생명의 환희는
충만한 내장에 집중한
가장 깊은 꿈
풀잎도 스러진 산길
허허론 등성일 따라가노라면
모든 관능의 불은 사라지고
기침 연습을 하는 나뭇이파리들
금 간 한여름의 혁명.

겨울, 그 칠흑의 불

줄기차던 생명의 노래,
유년의 향그런 이야기들
몸살처럼 물살져 오고

가장 곱고 아름다운 칠흑의 꿈,

그 꿈을 재우는 나무

흐느끼듯 울부짖듯

우주의 악기를 타고 있는

건강한 손가락 가락

하얀 비둘기 떼

들어 보아라,

저 유연한 날갯짓소리

어디서 들려오는가

어두운 은하의 골짜길 이우는

잠들지 못하는 바다,

무한한 혼을 어둠 속에 묻고

모든 번뇌는 사라져

환상과 지혜도 묻어 버렸다

또다시 모든 것을 불태울 불씨만

강물이 바다에 안기우듯

한 줌 흙 속에 묻혀 있다.

—『화사기花史記』(1975, 시문학사)

옥계 바닷가에서

바다가 파도로 북을 치고 있었다
하늘과 땅이 두 쪽의 입술이었다
밤이 되자 별들이 하나, 둘씩 반짝이고 있었다
떠들썩하던 천년 소나무들이 바다를 읽고 있었다
달빛 밝은 우주의 그늘에서
두 쪽의 입술이 잠시 지상을 밝혀 주었다.

바람도 구멍이 있어야 운다
혼자서 우는 것은 곡哭뿐이다
'哭'에는 개 머리 위에 두 개의 입이 있다
이쪽은 저쪽이 있어서 운다
쪽쪽 소리를 내는 것은 존재를 확인하는 일
쪽은 색을 낼 때만 쓰는 것이 아니다.

—『바람도 구멍이 있어야 운다』(2016, 움)

옥매원玉梅園의 밤

수천수만 개의 꽃등을 단 매화나무가 날리는 香이 지어 놓은 그늘 아래 꽃잎 띄운 술잔에 열이레 둥근 달도 살그머니 내려와 꽃잎을 타고 앉아 술에 젖는데,

꽃을 감싸고 도는 달빛의 피리 소리에 봄밤이 짧아 꽃 속의 긴 머리 땋아 내린 노랑 저고리의 소녀가 꽃의 中心을 잡아,

매화를 만나 꽃잎을 안고 있는 술잔을 앞에 놓고 부르르부르르 진저리를 치고 있는 詩人들,

차마
잔盞을 들지도 못한 채
눈이 감겨 몸 벗어 집어던지고.

— 『봄, 벼락치다』(2006, 우리글)

왜 이리 세상이 환하게 슬픈 것이냐
– 찔레꽃

너를 보면 왜 눈부터 아픈 것이냐

흰 면사포 쓰고
고백성사하고 있는
청상과부 어머니, 까막과부 누이

윤이월 지나
춘삼월 보름이라고
소쩍새도 투명하게 밤을 밝히는데

왜 이리 세상이 환하게 슬픈 것이냐.

— 『봄, 벼락치다』(2006, 우리글)

우리들의 말

거리를 가다 무심코 눈을 뜨면
문득 눈앞을 가로막는 산이 있다
머리칼 한 올 한 올에까지
검은 바람의 보이지 않는 손이
부끄러운 알몸의 시대
그 어둠을 가리지 못하면서도
그 밝음을 비추지 못하면서도
거지중천에서 날아오고 있다
한밤을 진땀으로 닦으며 새는
무력한 꿈의 오한과 패배
어깨에 무거운 죄 없는 죄의 무게
깨어 있어도 죽음의 평화와 폭력의 설움
눈뜨고 있어도 우리의 잠은 압박한다
물에 뜨고 바람에 불리고
어둠에 묻히고 칼에 잘리는
나의 시대를 우리의 친화를
나의 외로움 우리의 무예함

한 치 앞 안개에도 가려지는 불빛
다 뚫고 달려갈 풀밭이 있다면
그 가슴속 그 아픔 속에서
첫사랑 같은 우리의 불길을
하늘 높이 올리며 살리라 한다.

— 『우리들의 말』(1977, 삼보문화사)

우이동솔밭공원

백년 묵은 천 그루 소나무가 방하착하고
기인 하안거에 들어 꼼짝도 하지 않는다
나무속 결 따라 신들의 궁전으로 가는 길
울려 나오는 금강경의 물결도 숨죽이고 흐른다
수천수만 개의 푸른 붓으로 비경秘經을 새기고 있는
노스님의 먹물은 말라붙어 버렸다
땅속 천 길 이엄이엄 흐르는 천의 냇물이여
내 마음의 다랑논에 물꼬를 열어 다오
바람의 땅 낮은 곳을 따라 흐르는 온전한 물소리
잠 깬 물고기 한 마리 날아올라
천년 세월을 면벽하고 나서 쇠종에 매달리니
바람이 와! 화엄華嚴의 춤을 춘다
무거운 침묵으로 빚은 야생의 시편들
눈 밝은 이 있어 저 바람의 노래를 읽으리라
귀 밝은 이 있어 저 춤을 들으리라
마음 열고 있는 이 있어 물처럼 흘러가리라

저들 나무속에 숨겨진 비경을 나 어이 독해하리
잠깐 꿈속을 헤매던
속눈썹 허연 노스님이 땅바닥에 말씀을 던져 놓자
시치미를 뚝 떼고 있던 소나무들
몸 전체가 붓이 되어 가만가만 하늘에 경을 적고
있다
잠 못 드는 비둘기 떼 파닥이며 날아오르다
소나무 주위를 푸르게 푸르게 맴돌고 있다
북한산이 가슴을 열어 다 품고 있는 것을 보고
구름장 하얗게 미소 짓고 소리없이 흐르고 있다

이윽하다
좀 좋은가.

—『독종』(2012, 북인)

우화羽化

바닥을 본 사람은
그곳이 하늘임을 안다
위를 올려다보고
일어서기 위해 발을 딛는 사람은
하늘이 눈물겨운 벽이라는 것을
마지막 날아오를 허공임을 알고
내던져진 자리에서
젖은 몸으로
바닥을 바닥바닥 긁다 보면
드디어,
바닥은 날개가 되어 하늘을 친다
바닥이 곧 하늘이 된다.

—『독종』(2012, 북인)

웃음의 둥근 힘

웃음은 둥글다
살아 있는 원이다
둥근 파문으로 눈이 동그래지면서
얼굴마다 쌍무지개 뜬다

코가 벌죽벌죽 실룩거리다
입이 소리로 웃어 꽃을 피우고
귀가 시늉을 하고 있다
배꼽을 쥐고 웃다 보면
어느새 빠져나와 굴렁쇠가 되어
푸른 초원을 굴러가고 있다

주변의 나무들이 흔들리고 꽃이 핀다
웃음보를 터뜨려
웃음판이 벌어지면 웃음바다가 되고
내가 하하! 하면 너는 허허! 하고
호호! 하면 후후!

흐흐! 하면 히히! 하는 꽃밭이 된다

때로는 시쁘면서 마지못해 웃기도 하고
기가 막히고 어이가 없어 쓰게도 웃는,
웃음은 세상을 싣고 가는 이륜마차
말의 갈기가 환하게 빛난다.

— 『비밀』(2010, 우리글)

은자隱者의 꿈

산 채로 서서 적멸에 든
고산대의 주목朱木 한 그루,

타협을 거부하는 시인이
거문고 줄 팽팽히 조여 놓고
하늘관棺을 이고
설한풍 속 추상으로 서 계시다.

현과 현 사이
바람처럼 들락이는
마른 울음
때로는
배경이 되고
깊은 풍경이 되기도 하면서,

듣는 이
보는 이 하나 없는

한밤에도 환하다
반듯하고 꼿꼿하시다.

— 『봄, 벼락치다』(2006, 우리글)

자귀나무꽃

1.

세모시 물항라 치마 저고리
꽃부채 펼쳐 들어 햇빛 가리고

단내 날 듯 단내 날 듯
돌아가는 산모롱이

산그늘 뉘엿뉘엿 설운 저녁답
살 비치는 속살 내음 세모시 물항라.

―『청별淸別』(1989, 동천사)

2.

꽃 피고 새가 울면 그대 오실까
기다린 십년 세월 천년이 가네

베갯머리 묻어 둔 채

물 바래는 푸른 가약

저 멀리 불빛 따라 가는 마음아
눈도 멀고 귀도 먹은 세모시 물항라.

—『투명한 슬픔』(1996, 작가정신)

자벌레

몸으로 산을 만들었다
　허물고,

다시 쌓았다
　무너뜨린다.

그것이 온몸으로 세상을 재는
　한평생의 길,

山은 몸속에 있는
　무등無等의 산이다.

—『비밀』(2010, 우리글)

장醬을 읽다

그녀는 온몸이 자궁이다
정월에 잉태한 자식 소금물 양수에 품고
장독대 한가운데 자릴 잡으면
늘 그 자리 그대로일 뿐…,
볕 좋은 한낮 해를 만나 사랑을 익히고
삶의 갈피마다 반짝이는 기쁨을 위해
청솔 홍옥의 금빛 관을 두른 채
정성 다해 몸 관리를 하면
인내의 고통이 있어 기쁨은 눈처럼 빛나고
순결한 어둠 속에서 누리는 임부의 권리
몸속에 불을 질러 잡념을 몰아내고
맵고도 단맛을 진하게 내도록
참숯과 고추, 대추를 넣고 참깨도 띄워
자연의 흐름을 오래오래 독파하느니
새물새물 달려드는 오월이 삼삼한 맛이나
유월이년의 뱃구레 같은 달달한 맛으로
이미 저만치 사라진 슬픔과

가까이 자리잡은 고독을 양념하여
오글보글 끓여 내면
투박한 기명器皿에 담아도
제 맛을 제대로 내는
장醬이여, 너를 읽는다
네 몸을 읽는다.

— 『황금감옥』(2008, 우리글)

종鐘이 있는 풍경

1

종은 혼자서 울지 않는다
종은 스스로 울지 않고
맞을수록 맑고 고운 소리를 짓는다
종鐘은 소리가 부리는 종
울림의 몸,
소리의 자궁
소리는 떨며
가명가명 길을 지우고
금빛으로 퍼지는 울림을 낳는다

2

종은 맞을수록 뜨거운 몸으로 운다
나의 귀는 종
소리가 고요 속에 잠들어 있다
종은 나의 꿈을 깨우는 아름다운 폭탄
그 몸속에 눈뜬 폭약이 있다

위로의 말 한마디를 위하여
종은 마침내 소리의 집에서 쉰다

3
종은 때려야 산다
선다
제 분을 삭여 파르르파르르 떨며
지상에서 가장 아름다운 울음으로
하나의 풍경이 된다.

—『푸른 느낌표!』(2006, 우리글)

지는 꽃에게 묻다

지는 게 아쉽다고 꽃대궁에 매달리지 마라

고개 뚝뚝 꺾어 그냥 떨어지는 꽃도 있잖니

지지 않는 꽃은 추억이라는 이름으로 피어나

과거로 가는 길 그리 가까웁게 끌고 가나니

너와의 거리가 멀어 더욱 잘 보이는 것이냐

먼 별빛도 짜장 아름답게 반짝이는 것이냐.

— 『봄, 벼락치다』(2006, 우리글)

지는 꽃을 보며

외롭지 않은 사람 어디 있다고
외롭다 외롭다고 울고 있느냐
서산에 해는 지고 밤이 밀려와
새들도 둥지 찾아 돌아가는데
가슴속 빈자리를 채울 길 없어
지는 꽃 바라보며 홀로 섰느냐
외롭지 않은 사람 어디 있다고
외롭다 외롭다고 울고 있느냐.

— 『애란愛蘭』(1998, 우이동사람들)

지족知足

나무는 한 해에 하나의 파문波紋을 제 몸속에 만든다

그것이 나무의 지분知分이다

더 이상 흔들리지 않는다

나무는 홀로 자신만의 호수를 조용히 기르는 것이다.

— 『황금감옥』(2008, 우리글)

찔레꽃에게

찔레꽃 피었다고 저만 아플까
등으로 원망하고
어깨로 울며 가더니
가슴에 눈물로 물거품 지어
물너울 치며 오는구나
슬픈 향기 자옥자옥 섭섭하다고
그리움은 그렁그렁 매달리는데
꽃숭어리 흔들린들 지기야 하겠느냐
푸른 잎 사이사이 날카로운 가시여
그게 어찌 네 속마음이겠느냐
그렇다고 꽃 이파리 다 드러낼 리야
꽃잎마다 네 이름을 적어 놓느니
저 꽃이 지고 나면
빨간 사리가 반짝이며 익으리라
낙엽 지고 갈바람 불어온다 한들
찬 서리하늘 어이 석이지 않으랴
저렇듯 네 가슴도 환하게 밝혀지리니

찔레꽃 진다고 저만 아프겠느냐.

— 『황금감옥』(2008, 우리글)

참꽃여자 · 1~5

1

하늘까지 분홍물 질펀히 들여 놓는
닿으면 녹을 듯한
입술뿐인
그 女子.

2

두견새 울어 예면
피를 토해서
산등성이 불 지르고
타고 있는 그 女子.

섭섭히 끄을리는 저녁놀빛 목숨으로
거듭살이 신명나서
피고 지는
그 女子.

3

무더기 지는 시름
입 가리고 돌아서서
속살로 몸살하며
한 풀고 살을 푸는
그 여자.

눈물로 울음으로
달빛 젖은 능선 따라
버선발 꽃술 들고
춤을 추는
그 여자.

4

긴 봄날 타는 불에
데지 않는 살

그리움 따리 튼
뽀얀 목의 그 여자.

안달 나네 안달 나네
천지간에 푸른 휘장
아파라 아파라
바르르 떠는 이슬구슬 그 여자.

5
바람처럼 물길처럼
넋을 잃고 떠돌다
눈물 뚝뚝 고개 꺾고
재로 남는
그 女子.

— 『난초밭 일궈 놓고』(1994, 동천사)

참나무 그늘

그가 단상에 앉아 있을 때
마치 한 권의 두꺼운 책처럼 보였다 한다
한평생 시만 덖고 닦다 보니
육신 한 장 한 장이 책으로 엮였는지도 모른다
한마디 말씀마다 고졸한 영혼의 사리여서
듣는 이들 모두가 귀먹었다 한다
자신이 쓴 시를 스스로 풀어내자
강당 안은 문자향文字香으로 그득했거니와
몸이 뿜어내는 서권기書劵氣로 저녁까지 환했다
한다
평생을 시로 살았다면
말씀마다 꽃이 피고 새가 울어야 한다
그는 평생 모래바람 속을 묵묵히 걸어온 낙타였다
길고 허연 눈썹 위에는 수평선이 걸려 있고
얼굴에는 잔잔한 미소가 달빛처럼 흘렀다 한다
그가 생각에 잠겨 잠시 눈을 감자
먼지 한 알 떨어지는 소리가 천둥 울 듯 요란했다

다시 입을 열어 말을 마쳤을 때

방안에는 오색영롱한 구름이 청중 사이로 번졌다고 한다

그의 시는 오래된 참나무 그늘이었다

사람들이 몰려들어 지친 걸음을 쉬고 있었다

주변에는 꽃이 피어나고 새들이 지저귀고 있었다 한다.

—『독종』(2012, 북인)

첫눈

하늘에서 누가 피리를 부는지
그 소리가락 따라
앞뒷산이 무너지고
푸른빛 하늘까지 흔들면서
처음으로 처녀를 처리하고 있느니
캄캄한 목소리에 눌린 자들아
민주주의 같은 처녀의 하얀 눈물
그 설레는 꽃이파리들이 모여
뺏속까지 하얀 꽃이 피었다
울음소리도 다 잠든
제일 곱고 고운 꽃밭 한가운데
텅 비어 있는 자리의 사내들아
가슴속 헐고 병든 마음 다 버리고
눈뜨고 눈먼 자들아
눈썹 위에 풀풀풀 내리는 꽃비 속에
젖빛 하늘 한 자락을 차게 안아라
빈 가슴을 스쳐 지나는 맑은 바람결

살아생전의 모든 죄란 죄
다 모두어 날려 보내고
머릿결 곱게 날리면서
처음으로 노래라도 한 자락 불러라
사랑이여 사랑이여
홀로 혼자서 빛나는 너
온 세상을 무너뜨려서
거대한 빛
그 무지無地한 손으로
언뜻
우리를 하늘 위에 와 있게 하느니.

— 『화사기花史記』(1975, 시문학사)

초여름에서 늦봄까지

1

그해 여름
혼자
빨갛게 소리치는
저 장미꽃 더미 아래
나는
추웠네
한겨울이었네
속살 드러내고 속살대는
초여름 문턱에 서서
나무들은 옷을 껴입고 있었네
연초록에서 진초록으로.

2

천둥과 번개 사이로
불볕더위가 느릿느릿 지나가고
흰 이슬 방울방울

지천으로 내리는
황금벌판……,
발가벗고 누워도
부끄럽지 않았네
온몸의 광채
저 높은 거지중천으로
흥겹게 펴져
하늘을 덮고 있었네
가슴에 응어리진
아픔의 알갱이도 금빛으로 익어
투명한 빛살로 원을 그리고
견고한 열매 속
하늘로 하늘로 길이 열리고 있었네.

3

온 세상에 흰 눈이 내려 쌓여
천지가 적막에 잠길 때

포근한 눈이불을 뒤집어쓴
보리밭 이랑이랑
별로 뜨고 있었네, 나는,
긴긴 밤 서성이며
잠 못 드는 저 보리싹들을 안고
일어서는 은빛 대지는
가장 지순한 한 편의 위대한 시를
깊이 깊이 품어안은 채
수천수만의 꽃봉오리를 밝히고 있었네.

4

산비둘기 울음으로
쑥 냉이 꽃다지 벌금자리로
돋는 사랑이여
차라리 질경이 속에 들어가
작디작은 씨앗이 되어
그리움이 이는 풀밭길

연초록으로 피어나고 싶네
빛과 어둠
시작과 끝
삶과 죽음을 잇는 끈이 되어
두 손길 마주잡고
눈에 젖는 사랑
따숩은 세상길에
그의 시간이 되고 싶네
무량공간으로, 나는.

— 『푸른 느낌표!』(2006, 우리글)

추억, 지다

한여름 다 해질녘
봉숭아 꽃물을 들인다
꽃을 따 누이의 손톱마다
고운 물을 들인다
이쁜 반달손톱 속에는 벌써
첫눈이 내린다
매미 소리 한철 같은 누이의
첫사랑이 내린다
추억이 짓는 아스라한 한숨소리
손톱 속으로 스며들고
손가락 꼭꼭 싸맨 그리움이
추억추억 쌓이고 있다
해 설핏한 저녁에 꽃물을 들이는
눈썹마당에 이는 바람인 듯
슬슬슬 어스름이 내릴 때
가슴속에선 누가 북을 치고 있는지
다소곳 여민 적삼 안으로

그리움이 스멀스멀 스며들고
입술 촉촉 젖어 살짝 깨무는 소리
어스레한 누이의 젖은 눈가로
봉숭아꽃 하나 둘 지고 있었다.

— 『봄, 벼락치다』(2006, 우리글)

층꽃풀탑

탑을 쌓는 것은 사람만이 아니다.
나무도 간절하면 몸이 흔들려
한 층 한 층 탑사塔寺를 짓는다.
층꽃나무를 보라,
온몸으로 꽃을 피워 올리는
저 눈물겨운 전신공양.
해마다 쌓고 또 허물면서
제자리에서 천년이 간다.
나비가 날아와 몸으로 한 층 쌓고
벌이 와서 또 한 층 얹는다.

스님은 어디 가셨는지
달빛 선정禪定에 든 적멸의 탑,
말씀도 없고 문자도 없는
무자천서無字天書 경전 한 채.

— 『독종』(2012, 북인)

타작打作

엊저녁에는 밤새도록 깨를 털었다
깻단을 두드리지 않아도
깨가 투두둑투두둑 쏟아져 내렸다
흰깨 검은깨
볶지 않아도 고소한 냄새
방안에 진동했다
날이 희붐하게 새었을 때
머리맡에 놓인 멍석에는
깨알 같은 글씨로
시의 씨앗들이 수북이 쌓여 있었다
이런 날 밤이면
하늘에는 갓밝이까지 잔치가 벌어지고
별들이 마구 뛰어내렸다
아침이 되자
깨가 쏟아질까 쏟아질까
키를 들고 시詩를 까부르고 있었다

까불까불.

—『비밀』(2010. 우리글)

투망도投網圖

무시無時로 목선木船을 타고
출항出港하는 나의 의식意識은
칠흑漆黑 같은 밤바다
물결 따라 흔들리다가
만선滿船의 부푼 기대를 깨고
귀항歸港하는 때가 많다.

투망投網은 언제나
첫새벽이 좋다
가장 신선한 고기 떼의
빛나는 옆구리
그 찬란한 순수純粹의 비늘
반짝반짝 재끼는
아아, 태양太陽의 눈부신 유혹誘惑
천사만사千絲萬絲의 햇살에
잠 깨어 출렁이는 물결

나의 손은 떨어
바다를 물주름 잡는다.

산호수림珊瑚樹林의 해저海底
저 아름다운 어군魚群의 흐름을
보아, 층층이 흐르는 무리
나의 투망에 걸리는
지순至純한 고기 떼를 보아
잠이 덜 깬 파도는
토착어土着語의 옆구릴 건드리다
아침 햇살에 놀라
이선離船하는 것을 가끔 본다.

파선破船에 매달려 온
실망失望의 귀항에서
다시 목선木船을 밀고 드리우는
한낮의 투망은

청자靑瓷의 항아리
동동動動 바다 위에 뜬
고려高麗의 하늘
파도는 고갤 들고 날름대며
외양外洋으로 손짓을 한다
언제나 혼자서 항해航海하는
나의 목선은
조난의 두려움도 없이
강선鋼船처럼 파도를 밀고 나간다.

저 푸르른 바다
해명海鳴에 흔들리는 하오下午의 투망
고층 건물의 그늘에서
으깨지고 상한 어물魚物을
이방인異邦人처럼 주어 모은 손으로
어기어차 어기어차
다시 먼 바다로 목선을 민다.

어부림魚付林을 지나
수평선水平線으로 멀리 나갔다가
조난당한 선편船片과
다시 기운 투망
난파된 밀수선에서 밀려온 밀어密語와
바닷바람에 찔은 바다 사람들의
걸걸한 말투
소금 내음새
갈매기 깃에 펄럭이는
일몰日沒의 바다
관능官能의 춤을 추는 바다
둥 둥 두둥 둥 둥
푸른 치맛자락 내둘리며
흰 살결 속을 들내지 않고
덩실덩실 원시原始의 춤을 춘다
그때 나의 본능本能은 살아

하얀 골편骨片이 떠오르는
외양外洋에서 돌아온다.

만선滿船이 못 된 뱃전에서 바라보면
넋처럼 피는 저녁노을
오색찬연한 몇 마리의 열대어
그들의 마지막 항의
해질녘 나의 투망에 걸린
이 몇 마리의 파닥임을.

서천西天엔 은하銀河
은하직녀銀河織女의 손가락 가락
밤바다를 두드리고 있다
해면海面에 흐르는 어부사漁父詞
칠흑 만萬 길 해곡海谷에까지
그곳에 흐르는 어군魚群
물 가르며 물 가르며

나의 의식意識을 흔들고 있다.

나의 곁을 지나는 어선漁船의
휘파람 소리……
휘익 휙 나의 허전한 귀항을
풀 이파리처럼 흔들고 있다만
찢겨진 투망을 걷어 올리며
닻을 내리는 나의 의식은
찬란한 어군의 흐름 따라
싱싱한 생선生鮮의 노랫가락을 그려
다시 투망을 드리운다
가장 신선한 새벽 投網을!

— 『투망도投網圖』(1969, 선명문화사)

팽이는 때려야 돌고 돌아야 선다

멈춘 팽이는 죽은 팽이다
죽은 팽이는 팽이가 아니다
토사구팽이다

멈추면 서지 못하는
팽이를 때려 다오
돌아서 서도록 쳐 다오

너의 팽이채는
쇠좆매,
윙윙 울도록 때려 다오

중심을 잡고
불불대도록,
불립문자가 되도록 쳐 다오.

—『봄, 벼락치다』(2006, 우리글)

하동 여정河東餘情

보리누름 지나고 모내기 마치면
섬진강 끌고 노는 버들전어 떼
물위로 반짝, 반짝, 몸을 던지지
색시비 내리는 날 배를 띄우고
무람없는 악동들 물치마 열면
사내들의 몸에선 밤꽃이 솟네.

—『독종』(2012, 북인)

해당화

그해 여름 산사에서 만난
쬐끄마한 계집애
귓볼까지 빠알갛게 물든 계집애
절집 해우소 지붕 아래로
해는 뉘엿 떨어지고
헐떡이는 곡두만 어른거렸지
저녁바람이
조용한 절마당을 쓸고 있을 때
발갛게 물든 풍경소리
파·르·르·파·르·르 흩어지고 있었지
진흙 세상 속으로 환속하고 있었지.

— 『투명한 슬픔』(1996, 작가정신)

헌화가獻花歌

그대는 어디서
오셨나요
그윽이 바윗가에 피어 있는 꽃
봄 먹어 짙붉게 타오르는
춘삼월 두견새 뒷산에 울어
그대는 냇물에 발 담그고
먼 하늘만 바라다 보셨나요
바위병풍 둘러친
천 길 바닷가 철쭉꽃
바닷속에 흔들리는 걸
그대는 하늘만 바라다보고
볼 붉혀 그윽이 웃으셨나요
꽃 꺾어 받자온 하이얀 손
떨려옴은 당신의 한 말씀 탓
그대는 진분홍 가슴만 열고.

— 『투망도投網圖』(1969, 선명문화사)

호박

한자리에 앉아 폭삭 늙었다

한때는 푸른 기운으로
이리저리 손 흔들며 죽죽 뻗어나갔지
얼마나 헤맸던가!
방방한 엉덩이 숨겨놓고
활개를 쳤지
때로는 오르지 못할 나무에 매달려
버둥거리기도 했지
사람이 눈멀고 반하는 것도 한때
꽃피던 시절
꺽정이 같은 떠돌이 사내 만나
천둥치고 벼락치는
날갯짓 소리에 그만 혼이 나갔겠다
치맛자락 뒤집어쓰고 벌벌 떨었지
숱한 자식들 품고 살다 보니
한평생이 별것 아니더라고

구르는 돌멩이처럼 떠돌던
빈털터리 돌이 아범 돌아와
하늘만 쳐다보며 한숨을 뱉고 있다

곱게 늙은 할머니 한 분 돌담 위에 앉아 계신다.

— 『황금감옥』(2008, 우리글)

홍해리洪海里는 어디 있는가

시詩의 나라
우이도원牛耳桃源
찔레꽃 속에 사는
그대의 가슴속
해종일
까막딱따구리와 노는
바람과 물소리
새벽마다 꿈이 생생生生한
한 사내가 끝없이 가고 있는
행行과 행行 사이
눈 시린 푸른 매화,
대나무 까맣게 웃고 있는
솔밭 옆 마을
꽃술이 술꽃으로 피는
난정蘭丁의 누옥이 있는
말씀으로 서는 마을

그곳이 홍해리洪海里인가.

— 『봄, 벼락치다』(2006, 우리글)

홑동백꽃

내가 한 가장 위대한 일은 너에게 '사랑해!' 라고 말한 것이었다

젖은 유서처럼

낮은 울음으로.

세상에서 가장 아름다운 때는 네 입술이 내게 다가온 순간이었다

나를 덮는 한 잎의 꽃

아지랑이 아지랑이.

— 『독종』(2012, 북인)

화사기花史記

하나

처음 내 가슴의 꽃밭은
열여덟 살 시골처녀
그 환한 무명의 빛
살 비비는 비둘기 떼
미지의 아득한 꿈
흔들리는 순수의 밀향密香
뿌연 새벽의 불빛
즐거운 아침의 연가
혼자서 피아프게 뒤채던 늪
아침까지 출렁이며 울부짖는
꽃의 바람, 드디어의 개문開門.

둘

꽃밭의 꽃은 항상

은밀한 눈짓을 보내고 있었다
나의 눈썹은 현악기
가벼운 현의 떨림으로
겨우내 기갈의 암흑 속에서
눈물만큼이나 가벼이 지녀온
나약한 웃음을,
잔잔한 강물소리를, 그리고 있었다
조용한 새벽을 기다리는
꽃씨도 꽃나무도
겨울을 벗고 있었다
눈은 그곳에도 내리고
강물 위에도 흔들리며 쌓이고 있었다.

셋

내가 마지막 머물렀던 꽃밭엔
안개가 천지 가득한 시간이었다

돌연한 바람에 걷히는 안개
내해의 반짝이는 시간의 둘레에서
찢어지는 울음을 울고 있었다
기인 겨울의 인내 속에서 빚은
푸른 비늘이 깜빡이는 잠
밤새워 울던 두견이 깨고 있었다
어느 꿈결에서든가
맨살로 불타는 목청이
깊이 깊이에서 솟아오르고 있었다
생명은 안개 속에서
온 세상 가득 차오르고 있었다.

넷

꽃밭에는 오히려 향그런 불길,
불이 타오르고 있다
오랜 세월의 흐름은

순수한 어둠 속에서 해를 닦아
꿈속의 원시림을 밝히고 있다
어둠 속에서 밝게 피는
한 잎 두 잎의 웃음
웃음의 이파리가 날리는 숲
밤을 먹은 작은 새들이
금빛 햇발을 몇 개씩 물고 있다
황홀한 아침이면
고운 노래가 울려 퍼지고 있다.

다섯

수繡를 놓는
아내의 잠은 항상 외롭다
수틀 속 물오른 꽃대궁마다
태양이 껴안겨 있다
손마다 가득 괴는 가슴의 설움

병처럼 깊어 더욱 외롭다
고물고물 숨쉬는 고요
사색의 이마는 꽃보다 고운
여름의 꿈이 맺혀 있다
꽃은 죽어 여름을 태우고
꿈보다 예쁜 불을 지피고 있다.

여섯

여름바람은 느릿느릿 걸어서 온다
한밤 창가에 흐르는 바람소리
눈을 가리고
자그만 하늘과 땅을 열고 있다
가을이 오는 꽃밭
겨울 준비를 하는 사철나무
속으로 속으로 잠을 깁는다
성숙한 날개를 자랑하는 잠

천둥도 번개도 멎은
한여름밤의 해일도 잠든
하늘에는 은밀한 속삭임뿐.

일곱

겨울 열매로 가득찬 나의 눈
마을마다 아낙들이 치마를 펴
모든 신비와 향수를 맞고 있다
신들은 하늘에서 내려와
땅속에서 꿈을 빚는다
빨간 꽃도 되고
하얀 꽃, 밀감나무도 된다
그러나
그것은 영원한 미완의 회화
나의 눈은 언제나 허전하다
죽음과도 친한 나의 잠

나의 꽃밭은 텅 비어 있다.

— 『화사기花史記』(1975, 시문학사)

황금감옥黃金監獄

나른한 봄날
코피 터진다

꺽정이 같은 놈
황금감옥에 갇혀 있다
금빛 도포를 입고
벙어리뻐꾸기 울 듯, 후훗후훗
호박벌 파락파락 날개를 친다

꺽정이란 놈이 이 집 저 집 휘젓고 다녀야
풍년 든다
언제
눈감아도 환하고
신명나게 춤추던 세상 한 번 있었던가

호박꽃도 꽃이냐고
못생긴 여자라 욕하지 마라

티끌세상 무슨 한이 있다고
시집 못 간 처녀들
배꼽 물러 떨어지고 말면 어쩌라고

시비/柴扉 걸지 마라
꺽정이가 날아야
호박 같은 세상 둥글둥글 굴러간다

황금감옥은 네 속에 있다.

— 『황금감옥』(2008, 우리글)

황태의 꿈

아가리를 꿰어 무지막지하게 매달린 채
외로운 꿈을 꾸는 명태다, 나는
눈을 맞고 얼어 밤을 지새우고
낮이면 칼바람에 몸을 말리며
상덕 하덕에 줄줄이 매달려 있는
만선의 꿈
지나온 긴긴 세월의 바닷길
출렁이는 파도로 행복했었나니
부디 쫄태는 되지 말리라
피도 눈물도 씻어버렸다
갈 길은 꿈에서도 보이지 않는
오늘밤도 북풍은 거세게 불어쳐
몸뚱어리는 꽁꽁 얼어야 한다
해가 뜨면
눈을 뒤집어쓰고 밤을 지새운 나의 꿈
갈가리 찢어져 날아가리라
말라가는 몸속에서

난바다 먼 파돗소리 한 켜 한 켜 사라지고
오늘도 찬 하늘 눈물 하나 반짝인다
바람 찰수록 정신 더욱 맑아지고
얼었다 녹았다 부드럽게 익어가리니
향기로운 몸으로 다시 태어나
뜨거운 그대의 바다에서 내 몸을 해산하리라.

— 『비밀』(2010, 우리글)

고운야학孤雲野鶴의 시를 위하여

나에게 시는 무엇이고,

시인은 누구인가?

시에 대하여,

시인에 대해 내가 나에게 다시 한 번 묻는다.

꽃을 들여다보니 내가 자꾸 꽃에게 길들여지고 있다
꽃을 봐도 가장 중요한 것은 보이지 않는다
가장 아름답고 감미로운 꽃의 노래는 들리지 않는다
내가 보는 것은 껍질뿐
껍질 속에 누가 청올치로 꼭꼭 묶어 놓은 보물이 들어 있는가
텅 빈 멀떠구니 하나 아직도 배가 고파
몸 속에 매달려 껄떡이고 있다
자연을 잊고, 잃었기 때문이다
욕심의 허물을 벗어 허물이 없는 詩, 너를 기다리는 마음이

늘 그렇다.

알고 나면 아무것도 아닌 것이 너무나 많다
모르기 때문에 우리는 몰입하는 것이다
마중물 같은 시, 조촐하고 깨끗한 시 한 편을 만나고 싶어
뚱딴지같이 천리 길도 머다 않고 햇살처럼 달려나가지만
나는 늘 마중만 나가고 너는 언제나 배웅만 하고 있다
내가 나를 이기지 못해 흘리고 있는 눈물 속에
시가 별것 아니라고 너와 별거를 할 수가 있는가
사람 사는 일이란 길을 트고 길이 들고 길을 나는 것이 아닌가
푸르게 치닫는 치정의 산하로
강 건너 웃는 소리 들리지 않고 산 너머 우는 모습이 보이지 않으면 어찌 우리가 하늘까지 닿을 수 있겠는가
마디게 더디더디 익어가는 시도 언젠가는 향기롭게 익으리니
나무가 본능으로 햇빛을 향해 몸을 뒤틀 듯
그리 해야 시가 다가오지 않겠는가.

호박꽃 속에서는 바람도 금빛으로 놀고 있다
호박벌 한 마리 황궁 속에 들어가면
금방 황금도포를 걸치고 활개 치는 금풍金風이 요란하다
둥근 침실로 내려가 신부를 맞이하면 어찌 세상이 환하지 않으랴
금세 젖을 물고 있는 아기가 보인다

푸른 치마를 걸친 시녀들이 줄줄이 부채 들고 바람을 맞이하고 있다
하인들은 더듬이손으로 도르르 감고는 놓으려 들지 않는다
사랑이란 기갈나고 감질나는 것이 아니던가
줄줄이 태어나는 왕자와 공주들
이제 천지 사방으로 벋어 나가면 온 세상이 금빛 바람 부는 영토가 되리라
시도 이렇게 태어난다면 얼마나 좋으랴.

시여, 너를 꿈꾸다 깬 몽롱한 새벽 나 혼자 아득하다
머리맡의 파돗소리 잠들고 백사장은 텅 비어 있다
꿈이란 내가 꾸는 것이어서 너는 똑똑히 기억하고 있겠지만 나는 잊어버리기 일쑤지
일수를 빌려 얼마를 갚고 남은 것이 몇 푼인가
도무지 기억이 아물아물 아련하다
꾼다는 것은 잠시 빌려 쓰는 것이라서 갚기는 갚아야 하는데
한여름 저녁나절 자귀나무꽃 아래서 나는 무슨 꿈을 꾸고 있는지
자귀나무는 내 꿈속에서 무엇을 꾸려는지 분홍빛 주머니를 흔들고 있다
자귀나무 꽃이 지고 나면 내 시도 콩꼬투리 같은 열매가 맺힐 것인가
꿈이 깼으니 바람만 불어 꿈같은 세월이 아득하게 지고 있다.

천둥은 왜 치는가, 천둥은 언제 우는가
울어야 할 때 천둥은 운다, 천 번을 참고 참았다가 친다
피터지게 울고 통곡한다
아무 때나 함부로 우는 것은 천둥이 아니다
번개는 왜 치는가, 번개는 똥개처럼 울지 않는다
옆집 개가 하늘 보고 컹컹 짖을 때 똥개는 따라 짖는다
안개도 울고 는개도 운다, 소리 없이 운다
번개는 번득이는 촌철살인의 이론이 있어야 한다
유월이라고 느긋하게 놀면서 보내려 했더니 흐르는 듯 수유인 듯 가고 만다
미끈유월이라고 시를 만나지 않고 미끈미끈 보낼 수는 없다
내가 쓴 시에서도 번개가 치고 천둥이 우는가 돌아볼 일이다.

혼자 아닌 것이 없다고 함부로 노래하는가, 시인이여
혼자가 아닌 것이 어디 있던가
어느 시인은 '혼자인 사람은 아무도 없다'(No man is an island!)라고 했지
세상에, 세상에 행行이 무엇이고 연聯이 무엇이란 말인가
행간行間에는 무엇이 있는가, 연간聯間에는 또 무엇이 존재하는가
반평생 너와 살아도 어려운 것은 행간을 읽는 일
연간을 읽는 일이 아니던가
갈 곳이 멀다고 모든 것을 읽고 말면 혼자는 무엇이 될 것인가

혼魂이 자는 자者 행간에 홀로 누워 코나 골고 있을까
나는 혼자인가 혼자가 아닌가
오늘도 욕심 없고 허물없는 시 속으로 몸 던져 자폭하고 싶다.

나이가 몇인데 아직도 사랑타령인가
네 개의 사랑 가운데 마지막 사랑이 손을 놓았다
하룻밤 잠 못 자고 울음을 토하다 시원히 손 흔들며 보내 주었다
잘 가거라 마지막 사랑이여
이제는 사랑 없이 살아야 하는 남은 삶을 어이 할 것인가
이가 없으면 잇몸으로 살 수 있는가
아무 쓸모 없는 사랑이라면 일찍 버리는 것이 좋다.
'이'가 사랑을 만나면 '사랑니'가 되는 것은 사랑의 속성이지만
사랑도 사랑 나름이어서 쓸데없는 사랑은 과감히 버려야 한다
시에서도 필요 없는 사랑은 사랑니처럼 뽑아버려야 한다.

입추가 되어 혼인비행을 하고 있는
한 쌍의 가벼운 고추잠자리를 보라
하늘이 제 잠자리라고 그냥 창공을 안아버린다
축하한다고 풀벌레들 목청을 뽑고
나무들마다 진양조 춤사위를 엮을 때
한금줍는 고추잠자리는 추억처럼 하늘에 뜬다

내가 쓰는 한 편의 시도

눈과 머리와 몸통과 꼬리와 날개를 가지고

고추잠자리처럼 푸른 하늘에 자유로이 날 수 있을까.

허리띠를 졸라맬 때마다 수도꼭지를 틀곤 했던 시절

주린 배를 물로 채우고 올려다본 하늘은

늘 푸르고 높아 먼 그리움처럼 반짝반짝 윤이 났다

아무리 물 쓰듯 한다지만 수도꼭지는 잠가야 한다

물처럼 쓰고 싶은 시도 꼭지를 잠그고 기다릴 때가 있다

대한大寒도 무섭지만 대한大旱 앞에 견딜 장사가 있는가

물은 생명이다! 라는 구호가 그냥 구호口號가 아니라

구호救護가 되어야 한다

물보다 여리고 욕심 없고 아름다운 것이 세상에 또 있겠는가

시도 그렇다.

바위는 제자리서 천년을 간다

제 몸뚱어리를 갈고간 조각들이 버력이 되고 모래가 되어

다시 천년을 흙으로 간다

그렇게 간 거리가 한자리일 뿐, 그래도 바위는 울지 않는다

바람이 불어오고 강물이 흘러가고 번개 치고 천둥 운들 대수랴

바위는 조촐하고 깨끗한 제자리를 하늘처럼 지킨다

바위 같은 시 한 편을 위해 시인은 바위가 되어 볼 일이다

폐허에, 향기로운 흉터에 또 상처를 남기기 위해
가슴속에 자유라는 섬 하나 품고 살거라
너도 상처를 입어 봐야 올곧은 자세로 시 앞에 서게 될 것이다
바람은 다리속곳 바람으로 대고 꿈꾸며 불고
물위를 탐방탐방 뛰어가는 돌처럼 우주의 자궁에서 아기별이 탄생하고 있다
웃음이 그칠 때까지, 눈물이 마를 때까지
바람 바람 울어라, 바람 바람 불어라
시도 그렇게 태어나기 마련이다.

시는 자연이 보내는 연애편지, 시가 맛이 가면 사랑은 떠난다
시가 상하고 시는 날에는 사람들이 식상하는 법이다
갓 시집온 새색시 시장바구니에서 싱싱한 참붕어를 꺼내 놓고
그냥 두면 쓰레기 될 퍼런 무청을 말린 시래기에 파 마늘 생강 콩나물 무 감자 인삼 양파 깻잎 쑥갓 밤 대추 기름 고춧가루 사골육수 청주까지 듬뿍듬뿍 넣고 찜을 만들어 새신랑 돌아올 때까지 기다려라
상 차려 덮어놓고 맛있는 술도 한 병 준비한 다음…시는 냉장고에 넣어야 한다
생선회도 숙성을 해야 맛이 더하듯 시도 잘 숙성을 시켜야 한다.

자리끼가 놓이던 자리에 백지 한 장 펼쳐 놓고
밤새도록 잠 속에서, 꿈속에서 싸우고 있다

그물과 작살을 바다에 던지고 흐르는 물에 낚시를 드리운다
허공에 그물 치고, 앞산 뒷산에 덫과 올무도 설치한다
고래는 못 잡아도 노루 토끼 고라니 멧돼지는 잡아야지
풀씨나 나무열매라도 털고, 멧비둘기 꿩 메추라기라도 잡아야지
버들치 갈겨니 쉬리 동자개 참마자 치리라도 잡고 싶은 밤은 어이 빨리 지새는가
꿈을 깨고 나면 열심히 암송했던 명시(?) 한 편이 간 곳이 없다
詩앗이나 詩알은 때를 놓치지 말고 그때 그때 잡아야 한다.

주머니에 손을 넣고 걸어가면서 가래 두 알을 달그락달그락 굴리다 보면 살불이 일어 손바닥에 별이 뜬다
시의 별이 가슴에 와 안긴다
무쇠솥 걸어 놓은 아궁이에 발갛게 타는 참나무 장작불
겨울 하늘까지 탁 탁 튀어오르는 불알, 불의 알처럼 영혼이 뜨겁다
시도 푸른 불알처럼 우리 가슴속에서 불타올라야 한다
하늘에 뜬 별처럼 반짝반짝 빛나야 한다.

높이가 없으면 산이 아니고 깊이가 없으면 바다가 아니다
넓이가 없으면 하늘이나 들이 되지 못한다
한 편의 시도 높이와 깊이, 넓이가 있어야 한다
오늘도 새벽 세 시 한 대접의 냉수로 주린 영혼을 씻고 몸과

마음에 촛불을 밝힌다

시는 내 영혼이 피워내는 향기로운 꽃이요, 그 꽃이 맺는 머드러기이다

시는 아무리 마셔도 물리지 않는 물이요 씹을수록 단맛이 나는 밥이다

보이지 않는 공기와 물과 밥이 만들어내는 한 방울의 뜨거운 피와 뼈다

시는 내 집이요 길이요 빛이요 꿈이다

우리의 영토에 드리우는 시원하고 환한 솔개그늘이다.

이름 없는 풀이나 꽃은 없다, 나무나 새도 그렇다

이름 없는 잡초, 이름 없는 새라고 시인이 말해서는 안 된다.

시인은 모든 대상에게 이름을 붙여주고 그 이름을 불러 주는 사람이다

이름없는 시인이란 말이 있다

시인은 이름으로 말해선 안 된다 다만 시로 말해야 한다

이름이나 얻으려고 장바닥의 주린 개처럼 진자리 마른자리 가리지 않고 기웃대지는 말 일이다

그래서 천박舛駁하거나 천박淺薄한 유명시인이 되면 무얼 하겠는가

속물시인, 시인이라는 이름으로 꺼귀꺼귀하는 속물이 되지 말 일이다

가슴에 산을 담고 물처럼 바람처럼 자유스럽게 사는 시인

자연을 즐기며 벗바리 삼아 올곧게 사는 시인

욕심없이 허물없이 멋을 누리는 정신이 느티나무 같은 시인

유명한 시인보다는 혼이 살아 있는 시인, 만나면 반가운 시를 쓰는 좋은 시인이 될 일이다.

如是我聞!

— 시선집『시인이여 詩人이여』(2011, 우리글)

〈洪海里 자술 연보〉

* 1942년 8월 18일 충북 청원군 남이면 척산리 472번지에서 아버지 남양 洪씨 性元과 어머니 경주 金씨 洪粉 사이에 4남 4녀 중 맏이로 태어남. 단, 실제로는 양력 1941년 10월 8일생임. 남양 洪씨 익산군파 36세손으로 본명은 峯義임. 필명인 海里는 바다가 없는 내륙에서 태어나 넓은 바닷가의 정겨운 마을을 동경하는 마음에서 1960년부터 사용해 오고 있음. 아버지는 고혈압으로 고생하시다 1978년 57세로 별세, 어머니는 2001년 82세에 돌아가심. 8남매는 현재 서울, 인천과 수원 및 청주에서 살고 있음.

* 고향에서 초등학교를 마친 후 청주시 모충동 405번지로 옮겨 중고교를 다님. 고등학교 1학년 때 처음으로 김소월의 시집 『진달래꽃』을 만남 .

* 1960년대 고려대학교 영문과에서 김종길 시인에게서 영시를 배우고 국문과 조지훈 시인의 시론과 현대문학 강의를 들으면서 시를 쓰겠다는 생각을 하게 됨.

* 1960년 영문과 동기로 만난 이무원 시인과 평생을 함께 지내오다 李茂原 시인은 2015년 4월 17일 타계함.

＊ 1964년 고려대를 졸업하고 인천에서 1년 동안 회사에 다니면서 그리워하던 바다와 섬을 가까이하며 시를 쓰기 시작함. 그해 여름 인천신문에 게재된 「갯벌」 이란 짧은 시가 활자화된 나의 첫 작품임.

＊ 1965년 고향 청주로 돌아가 세광중고등학교에서 7년간 근무하다 충북 유일의 야구부 해체를 주동하고 1972년 청주상고로 옮겼다 교감과의 불화로 사표를 내고 1974년 서울 성신여중고로 자리를 옮김.

＊ 1969년 첫시집 『투망도投網圖』를 선명문화사에서 자비로 펴냄.

＊ 1970년 충주 池씨 明順과 결혼하고 그해 장남 錫珉 태어남.(석민은 1997년 정현정과 결혼하여 아들 형택과 딸 서현을 낳음).

＊ 1972년 충북 최초의 동인지 《내륙문학》을 박재륜, 양채영 시인 등과 발기하여 4집까지 주재하다 직장을 서울로 옮기면서 모두 넘겨줌.

차남 韓錫 태어남. (2002년 정소현과 결혼하여 딸 예린과 아들 윤태를 낳음).

＊ 1975년 두 번째 시집 『화사기花史記』를 시문학사에서 자비로 펴냄.

이때부터 선인들의 시서화에 나타나 있는 난초에 관심을 가지고 난의 정체를 밝혀 보고자 문헌을 찾아 읽으면서 자생지를 답사하기 시작함.

난에 관한 글을 쓰면서 Walter Richter의 저서 『ORCHIDS CARE』를 번역하여 「서양란 가꾸기」 라는 제목으로 격월간 《분재수석》 지에 1982년 56호부터 1984년 69호까지 연재함. (《분재수석》 은 1983년 62호부터 제호를 《자연미생활》로 개제함).

80년대 들면서 난바람이 전국적으로 몰아쳐 난 자생지가 황폐화되는 현장을 보고 참을 수 없어 90년대 중반 온실에서 함께 살던 1,000여 분의 난을 친구의 난농장에 넘겨주고 난에서 손을 뗌.

* 1976년 시집 『무교동武橋洞』이 무교동 재개발을 시작하던 날 태광문화사에서 나옴.

* 1977년 백우암의 소설과 함께 엮은 2인 작품집 『우리들의 말』이 삼보문화사에서 나옴.

같은 해 양채영, 이무원, 윤강원, 박운식, 최병학과 함께 6인시집 『내륙집內陸集』을 간행함.

* 1978년 봄에 몇 년 동안의 돈암동 전세살이를 끝내고 우이동 124-17번지에 터를 잡고 살면서 이생진, 임보, 채희문 시인 등을 만나게 됨.

주변머리가 없어 이사 한 번 하지 않고 뒷산의 인수, 백운, 만경과 놀며 북한산 양지바른 곳에 복숭아나무를 심어 꾸며 놓은 우이도원牛耳桃源, 우이동솔밭공원, 방학동 은행나무, 국립4·19민주묘지의 청악매를 즐기면서 살고 있음.

* 1979년 김석규, 이영걸 시인과 3인 시집 『산상영음山上詠吟』을 내고 이듬해에 『바다에 뜨는 해』, 그리고 1981년에 『원단기행元旦記行』을 냄.

* 1980년 시집 『바람 센 날의 기억을 위하여』가 민성사에서 나옴.

* 1981년 딸 裕彬 태어남. (2015년 전종원과 결혼함).

* 1983년 직장을 동덕여고로 옮겨 18년 동안 근무하다 2000년 퇴직함.

『洪海里 詩選』이 탐구당에서 기획 출판하고 있는 '탐구신서' 275번으로 출간됨.

이 시선집에는 첫시집『投網圖』로부터 1980년에 나온『바람 센 날의 기억을 위하여』에 들어 있는 작품 가운데 108편을 선별하여 묶음.

* 1985년 '진단시' 동인으로 테마詩 운동에 동참하다 1995년 그만두고 '우이동시인들'의 활동에 전념함.

* 1986년 우이동에 살고 있던 이생진, 임 보, 채희문, 신갑선 시인과 '우이동시인들'이란 동인을 결성함.

* 1987년 봄에 동인지 제1집『우이동』을 내고 자축하기 위해 그해 5월 덕성여대 입구에 있는 카페 '파인웨이'에서 시낭송회를 개최한 것이 우이시낭송회의 효시가 됨.

우이시낭송회는 매달 마지막 토요일 오후 3시부터 도봉도서관 시청각실에서 개최하여 2019년 4월 현재 370회에 이름.

우이동시인들의 동인지는 신갑선 시인이 6집까지 참여하다 떠난 후 7집부터는 4명이서 해마다 봄가을로 간행하여 1999년 25집에 이르게 됨.('우이동 사인방'이란 별명을 얻게 됨).

월간《우리詩》를 간행하는 한편 북한산 우이도원에 올라가 봄에는 삼각산시화제를, 가을에는 삼각산단풍시제를 개최해 오고 있음.

* 1987년 시집『대추꽃 초록빛』을 동천사에서 펴냄.

* 1989년 시집『청별淸別』을 동천사에서 펴냄.

* 1992년 시집『은자의 북』을 작가정신에서 펴냄.

* 1994년 시집『난초밭 일궈 놓고』를 동천사에서 펴냄.

* 1996년 시집『투명한 슬픔』을 작가정신에서 펴냄.

* 1998년 난을 주제로 한 시집『애란愛蘭』을 '우이동시

인들'이 만든 출판사 '우이동사람들'에서 펴냄.

* 1999년 우이시낭송회에 참여하는 시인들의 수가 늘어남에 따라 동인지 간행을 잠정적으로 쉬고 월간 『牛耳詩』를 발행하기 시작함.

* 2003년 문학단체로는 처음으로 우이시회가 제13회 편운문학상을 수상함.

* 2004년 7월 중국 칭다오대학의 초청으로 '한중현대시교류 세미나 및 시낭송회'를 칭다오대학에서 개최함.

* 2006년 봄에 오랜 공백을 깨고 시집 『봄, 벼락치다』가 도서출판 '우리글'에서 나옴.

* 같은 해 가을에 시집 『푸른 느낌표!』가 같은 출판사에서 나옴.

* 2007년 우이시낭송회를 사단법인으로 만들면서 명칭을 (사)우리詩진흥회로 바꾸고 월간시지 《牛耳詩》의 명칭도 《우리詩》로 변경함.

초대 및 2대 이사장을 역임하고 2013년부터 2018년까지 4, 5, 6대 이사장직을 다시 맡음.

* 2008년 봄에 시집 『황금감옥』이 우리글에서 나옴.

* 같은 해 가을에 시선집 『비타민 詩』가 도서출판 우리글에서 나옴. 이 시선집에는 21세기 들어서 낸 세 권의 시집 『봄, 벼락치다』 『푸른 느낌표!』 『황금감옥』에서 108편의 작품을 골라 실어 놓음.

* 2010년 시집 『비밀』이 우리글에서 나옴.

* 2012년 첫 시집부터 15번째 시집에서 가려 뽑은 작품으로 엮은 시선집 『시인이여 詩人이여』가 우리글에서 나옴.

* 2012년 제16시집 『독종毒種 』이 도서출판 '북인'에서 나옴.

* 2013년 꽃시집 『금강초롱』이 도서출판 〈움〉에서 나옴.

* 2015년 시집 『치매행致梅行』이 도서출판 황금마루에서 나옴.

* 2016년 시집 『바람도 구멍이 있어야 운다』가 도서출판 움에서 나옴.

* 2017년 시집 『매화에 이르는 길』이 도서출판 움에서 나옴.

* 2018년 시집 『봄이 오면 눈은 녹는다』가 도서출판 움에서 나옴.

* 2019년 첫 시집 『投網圖』(1969)를 낸 이후 50년을 결산하는 시선집 『홍해리洪海里는 어디 있는가』를 도서출판 움에서 냄.

홍해리洪海里는 어디 있는가

초판 1쇄 인쇄 | 2019년 4월 20일
초판 1쇄 발행 | 2019년 4월 25일

지은이 | 홍해리
발행인 | 洪海里
편집인 | 임 보
편 집 | 방수영
펴낸곳 | 도서출판 움

등록번호 | 제2013-000006호(2008년 5월 2일)
01003 서울시 강북구 삼양로 159길 64-9
전화 | 02) 997-4293
전자우편 | urisi4u@hanmail.net

ISBN : 978-89-94645-49-0 (03810)

* 이 도서의 국립중앙도서관 출판예정도서목록(CIP)은 서지정보유통지원시스템 홈페이지(http://seoji.nl.go.kr)와 국가자료공동목록시스템(http://www.nl.go.kr/kolisnet)에서 이용하실 수 있습니다.
(CIP제어번호 : 2019014973)